学研 毎日のドリル

# できたよ★シート

べんきょうが おわった ページの ばんごうに
「できたよシール」を はろう!

名前

学研

# 毎日のドリルの特長

## やりきれるから自信がつく！

### ✓ 1日1枚の勉強で、学習習慣が定着！

◎目標時間に合わせ、無理のない量の問題数で構成されているので、「1日1枚」やりきることができます。

◎解説が丁寧なので、まだ学校で習っていない内容でも勉強を進めることができます。

### ✓ すべての学習の土台となる「基礎力」が身につく！

◎スモールステップで構成され、1冊の中でも繰り返し練習していくので、確実に「基礎力」を身につけることができます。「基礎」が身につくことで、発展的な内容に進むことができるのです。

◎教科書の学習ポイントをおさえられ、言葉の力や表現力も身につけられます。

### ✓ 勉強管理アプリの活用で、楽しく勉強できる！

◎設定した勉強時間にアラームが鳴るので、学習習慣がしっかりと身につきます。

◎時間や点数などを登録していくと、成績がグラフ化されたり、賞状をもらえたりするので、達成感を得られます。

◎勉強をがんばると、キャラクターとコミュニケーションを取ることができるので、日々のモチベーションが上がります。

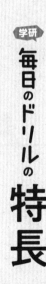

# 学研 毎日のドリルの使い方《つかかた》

## 1 1日《にち》1枚《まい》、集中《しゅうちゅう》して解《と》きましょう。

◎**1回分《かいぶん》は、1枚《まい》（表《おもて》と裏《うら》）です。**

1枚《まい》ずつはがして使《つか》うこともできます。

◎**目標時間《もくひょうじかん》を意識《いしき》して解《と》きましょう。**

アプリのストップウォッチなどで、かかった時間《じかん》を計るとよいでしょう。

・「かくにんテスト」　ここまでの内容《ないよう》が身《み》についたかを確認《かくにん》しましょう。

・「まとめテスト」　最後《さいご》に、この本の内容《ないよう》を総復習《そうふくしゅう》しましょう。

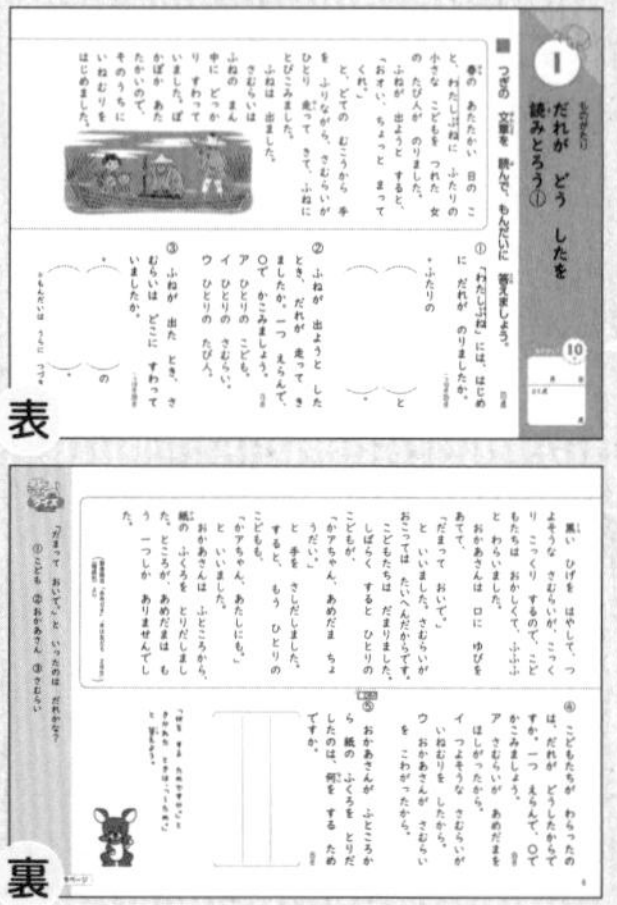

目標時間

表

裏

**書く力**

・文《ぶん》を書《か》くときに役立《やくだ》つ表現力《ひょうげんりょく》がつく問題《もんだい》です。

## 2 おうちの方《かた》に、答《こた》え合《あ》わせをしてもらいましょう。

・本《ほん》の最後《さいご》に、「答《こた》えとアドバイス」があります。

・答《こた》え合《あ》わせをして、点数《てんすう》をつけてもらいましょう。

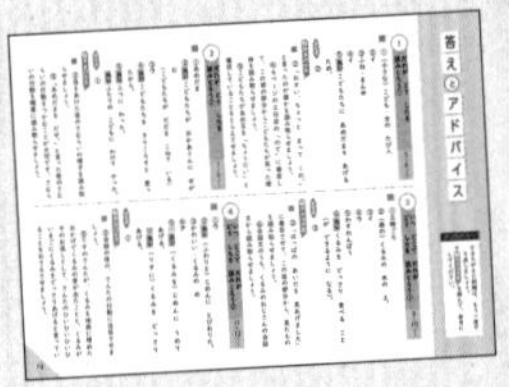

## 3 「できたよシート」に、「できたよシール」をはりましょう。

・勉強《べんきょう》した回《かい》の番号《ばんごう》に、好《す》きなシールをはりましょう。

## 4 アプリに得点《とくてん》を登録《とうろく》しましょう。

・アプリに得点《とくてん》を登録《とうろく》すると、成績《せいせき》がグラフ化《か》されます。

・勉強《べんきょう》すると、キャラクターが育《そだ》ちます。

できなかった問題《もんだい》を解《と》き直《なお》すと、より力《ちから》がつくよ！

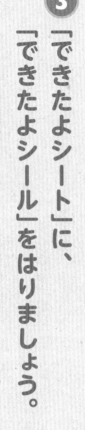

無料ダウンロード

# 毎日のドリル 勉強管理アプリ

## アプリといっしょだと，ドリルが楽《たの》しく進《すす》む!?

# 毎日のドリル 勉強管理アプリ

「毎日《まいにち》のドリル」シリーズ専用《せんよう》，スマートフォン・タブレットで使《つか》える無料《むりょう》アプリです。
1つのアプリでシリーズすべてを管理《かんり》でき，学習習慣《がくしゅうしゅうかん》が楽《たの》しく身《み》につきます。

## 1 「毎日《まいにち》のドリル」の学習《がくしゅう》を徹底《てってい》サポート！

毎日《まいにち》の勉強《べんきょう》タイムをお知《し》らせする
「タイマー」

かかった時間《じかん》を計《はか》る
「ストップウォッチ」

勉強《べんきょう》した日《ひ》を記録《きろく》する
「カレンダー」

入力《にゅうりょく》した得点《とくてん》を
「グラフ化《か》」

## 2 キャラクターと楽《たの》しく学《まな》べる！

好《す》きなキャラクターを選《えら》ぶことができます。勉強《べんきょう》をがんばるとキャラクターが育《そだ》ち，「ひみつ」や「ワザ」が増《ふ》えます。

## 3 1冊《さつ》終《お》わると，ごほうびがもらえる！

ドリルが1冊《さつ》終《お》わるごとに，賞状《しょうじょう》やメダル，称号《しょうごう》がもらえます。

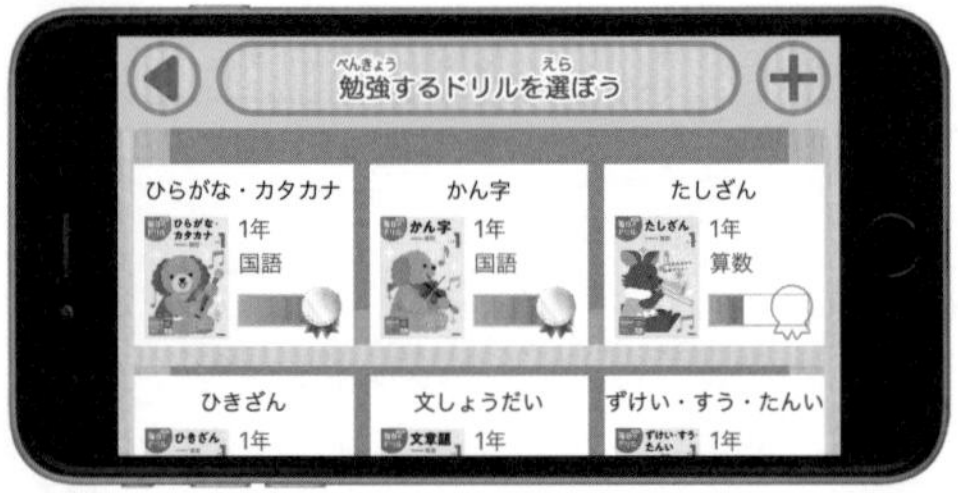

## 4 漢字《かんじ》と英単語《えいたんご》のゲームにチャレンジ！

ゲームで，どこでも手軽《てがる》に，楽《たの》しく勉強《べんきょう》できます。漢字《かんじ》は学年別《がくねんべつ》，英単語《えいたんご》はレベル別《べつ》に構成《こうせい》されており，ドリルで勉強《べんきょう》した内容《ないよう》の確認《かくにん》にもなります。

**アプリの無料《むりょう》ダウンロードはこちらから！**
https://gakken-ep.jp/extra/maidori/

【推奨環境】
■ 各種Android端末：対応OS Android6.0以上　※対応OSであっても，Intel CPU（x86 Atom）搭載の端末では正しく動作しない場合があります。
■ 各種iOS（iPadOS）端末：対応OS iOS10以上　※対応OS や対応機種については，各ストアでご確認ください。
※お客様のネット環境および携帯端末によりアプリをご利用できない場合，当社は責任を負いかねます。
また，事前の予告なく，サービスの提供を中止する場合があります。ご理解，ご了承いただきますよう，お願いいたします。

ものがたり

# 1 だれが どう したを 読《よ》みとろう①

もくひょう 10分

月　日

とく点　点

つぎの 文章《ぶんしょう》を 読《よ》んで、もんだいに 答《こた》えましょう。【100点】

春《はる》の あたたかい 日の こと、わたしぶねに ふたりの 小さな こどもを つれた 女の たび人が のりました。

ふねが 出ようと すると、

「おオい、ちょっと まって くれ。」

と、どての むこうから 手を ふりながら、さむらいが ひとり 走《はし》って きて、ふねに とびこみました。

ふねは 出ました。

さむらいは ふねの まん中に どっかり すわって いました。ぽかぽか あたたかいので、そのうちに いねむりを はじめました。

① 「わたしぶね」には、はじめに だれが のりましたか。 一つ10点(20点)

・ふたりの（　　）と（　　）。

② ふねが 出ようと した とき、だれが 走って きましたか。一つ えらんで、○で かこみましょう。(15点)

ア ひとりの こども。

イ ひとりの さむらい。

ウ ひとりの たび人。

③ ふねが 出た とき、さむらいは どこに すわって いましたか。 一つ10点(20点)

・（　　）の（　　）。

＊もんだいは うらに つづきます。

黒《くろ》い　ひげを　はやして、つよそうな　さむらいが、こっくり　こっくり　するので、こどもたちは　おかしくて、ふふふと　わらいました。
　おかあさんは　口に　ゆびを　あてて、
「だまって　おいで。」
と　いいました。さむらいが　おこっては　たいへんだからです。
　こどもたちは　だまりました。しばらく　すると　ひとりの　こどもが、
「かアちゃん、あめだま　ちょうだい。」
と　手を　さしだしました。
すると、もう　ひとりの　こどもも、
「かアちゃん、あたしにも。」
と　いいました。
　おかあさんは　ふところから、紙《かみ》の　ふくろを　とりだしました。ところが、あめだまは　もう　一つしか　ありませんでした。

（新美南吉「あめだま」『本は友だち　2年生』〈偕成社〉より）

④ こどもたちが　わらったのは、だれが　どうしたからですか。一つ　えらんで、○で　かこみましょう。（20点）

ア　さむらいが　あめだまを　ほしがったから。
イ　つよそうな　さむらいが　いねむりを　したから。
ウ　おかあさんが　さむらいを　こわがったから。

書く力
⑤ おかあさんが　ふところから　紙の　ふくろを　とりだしたのは、何《なに》を　する　ためですか。（25点）

「何を　する　ためですか。」と　きかれた　ときは、「〜ため。」と　答《こた》えよう。

クイズ
「だまって　おいで。」と　いったのは　だれかな？
①こども　②おかあさん　③さむらい

答え▶79ページ

# 2 だれが どう したを 読《よ》みとろう②

もくひょう 10分

月　日

とく点　点

## つぎの 文章《ぶんしょう》を 読《よ》んで、もんだいに 答《こた》えましょう。【100点】

あめだまは 一つしか ないので、おかあさんは こまって しまいました。

「いい 子たちだから だまって おいで、むこうへ ついたら 買《か》って あげるからね。」

と いって きかせても、こどもたちは、ちょうだいよオ、ちょうだいよオ、と だだを こねました。

いねむりを して いた はずの さむらいは、ぱっちり 目を あけて、こどもたちが せがむのを 見て いました。

おかあさんは おどろきました。いねむりを じゃまされたので、この おさむらいは おこって いるのに ちがいない、と 思《おも》いました。

① ふねが むこうへ ついたら 何《なに》を 買って あげると、おかあさんは いいきかせて いるのですか。（15点）

（　　　　）

② 目を さました さむらいは、何を 見て いましたか。（15点）

［　　　　］ようす。

③ おかあさんが おどろいたのは なぜですか。一つ えらんで、○で かこみましょう。（15点）

ア こどもたちが おさむらいに いたずらを したから。

イ ふたりの こどもたちが けんかを はじめたから。

ウ おさむらいが おこって いると 思ったから。

＊もんだいは うらに つづきます。

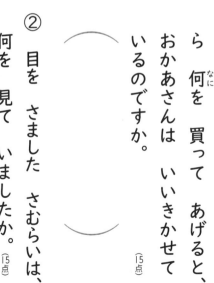

「おとなしく　して　おいで。」
と、おかあさんは　こどもたちを　なだめました。
けれど　こどもたちは　ききませんでした。すると　さむらいが、すらりと　刀《かたな》を　ぬいて、おかあさんと　こどもたちの　まえに　やって　きました。
おかあさんは　まっさおに　なって、こどもたちを　かばいました。いねむりの　じゃまを　した　こどもたちを、さむらいが　きりころすと　思《おも》ったのです。
「あめだまを　だせ。」
と　さむらいは　いいました。
おかあさんは　おそるおそる　あめだまを　さしだしました。
さむらいは　それを　ふねの　へりに　のせ、刀で　ぱちんと　二つに　わりました。
そして、
「そオれ。」
と　ふたりの　こどもに　わけて　やりました。

（新美南吉「あめだま」『本は友だち　2年生』〈偕成社〉より）

④ おかあさんが　こどもたちを　さむらいから　かばったのは　なぜですか。（15点）

・さむらいが

「なぜですか。」と　きかれた　ときは、「～から。」と　答《こた》えよう。

書く力

⑤ 「あめだまを　だせ。」と　いった　あと、さむらいは　どう　しましたか。　一つ20点（40点）

・あめだまを　刀で

・その　あめだまを

クイズ

さむらいが　刀を　ぬいた　とき、おかあさんは　どう　なったかな？

①まっさお　②まっか　③まっしろ

答え▶79ページ

ものがたり

# 3 いつ どこで だれが どう したを 読《よ》みとろう①

もくひょう 10分

月　日

とく点　点

## つぎの 文章《ぶんしょう》を 読《よ》んで、もんだいに 答《こた》えましょう。【100点】

ブップ、ウップププー、ブップ、ウップププー。

　やまばとの 声《こえ》が、ねむそうに ひびいて います。りすの さんたは、目を こすって おきあがりました。

　もう 三時《じ》ごろでしょうか。さんたは、おひるごろから、森の くるみの 木の 上で、ぐっすり おひるねを して いたのでした。

「ああ、ぼく、おやつが ほしく なっちゃった。くるみの おじさん、はやく くるみを ちょうだいよ」

　さんたは、えだの 上に 立ちあがって、ふさふさした はっぱの あいだを 見あげました。小さな、まあるい、青い みが、ゆれて さがって います。

① さんたが おひるねから おきたのは いつですか。（15点）

（　　　　）

② さんたは どこで おひるねを して いたのですか。（15点）

（　　　　）

③ さんたが はっぱの あいだを 見あげた ときに 見つけた ものは 何《なん》ですか。一つ えらんで、○で かこみましょう。（15点）

ア 大きくて、おいしそうな 青い くるみ。

イ まだ 小さくて、青い くるみ。

ウ まあるくて、小さな 赤い 木の み。

＊もんだいは うらに つづきます。

さんたは、ごくんと、つばを
のみこみました。

くるみの　おじさんは、　はっはっはと　わらいました。

「まだ　はやい、はやい。　いまは　夏《なつ》だろ。　秋《あき》に　なったら、去年《きょねん》より、もっと　どっさりあげるよ。　なにしろ、　おじさんが　この　よの中に　生まれたのは、さんたの　ひいひいひいひいおじいさんが、わすれんぼうだった　おかげだからな」

「ええ？　ぼくの　ひいひいひいひいおじいさんが、わすれんぼうだった　おかげで、どう　したの？」

「さんたが、くるみを　どっさり　食《た》べられるように　なったのさ」

「ふうん」

さんたは、目を　ぱちぱちさせました。


（松谷みよ子「りすのわすれもの」『花いっぱいになあれ』〈岩崎書店〉より）

④「さんたは、ごくんと、つばを　のみこみました」と　ありますが、この　ときの　さんたの　気もちを　一つ　えらんで、○で　かこみましょう。（20点）

ア　のどが　かわいたな。
イ　ほんとうの　話《はなし》かな。
ウ　くるみを　食べたいな。

⑤　さんたの　ひいひいひいひいおじいさんは、どんな　りすでしたか。（15点）

（　　　　　　　　）

書く力
⑥　秋まで　まてば、さんたは　どんな　ことが　できるように　なると、くるみの　おじさんは　いって　いるのですか。（20点）

秋に　なったら、くるみの　おじさんは　何《なに》を　して　くれるのかな。

クイズ
森の　中に　ねむそうに　ひびいて　いたのは、だれの　声《こえ》だったかな？
①さんた　②くるみの　おじさん　③やまばと

答え ▶ 79ページ

ものがたり

# 4 いつ どこで だれが どう したを 読《よ》みとろう②

もくひょう 10分

月　日

とく点　　点

■ つぎの 文章《ぶんしょう》を 読《よ》んで、もんだいに 答《こた》えましょう。【100点】

「その ひいひいひいひいひいまごが、㋐ぼくなんだね」

さんたは、くるりと ちゅうがえりして、手を たたきました。

「わあ、いい おじいさんだなあ。あっ、おじいさん、ぼくもわすれてたっ、㋑ちょっと いって くるね」

さんたは、きゅうに はねあがると、ぴょんぴょん 木から木へ わたり、しっぽを ふくらまして、ふわりと じめんにとびおりました。

「たしか、この へんだったよ」

ありました。ありました。

かわいい くるみの めが、そよ風《かぜ》に ゆれて いるのです。

「さんたさん」

くるみの めは、かわいい 声《こえ》で いいました。

① 「㋐ぼく」とは だれの ことですか。一つ えらんで、○で かこみましょう。(15点)

ア おじいさん

イ おじさん

ウ さんた

② 「㋑ちょっと いって くるね」と いって、さんたは どう しましたか。(20点)

・木から 木へ わたり、しっぽを ふくらまして、

〔　　　　〕

③ 「さんたさん」と よんだのは だれですか。一つ10点(20点)

・（　　　　）声の（　　　　）。

＊もんだいは うらに つづきます。

「わすれんぼうの、さんたさん。どうも　ありがとう。ぼくを　わすれて　くれた　おかげで、ぼく、㋒よの中に　出られました。いまに、さんたさんの　ひいひいひいひいまごさんに、ぼく、くるみを　どっさり　あげますよ。
　ぼくたち　くるみは、じめんに　ぽとんと　おちただけでは、めが　出ないんです。じめんに　あなを　ほって、さんたさんが　うめて　くれたので、めが　出たんです。ほんとうに　ありがとう」
「わあ、すごい」
さんたは　さけびました。
「ぼく、知《し》らない　うちに、こんな　いい　こと　しちゃったんだなあ。㋓りすと　くるみは、うんと　なかよしなんだ」
そう　いって、さんたは、手を　たたいて、くるみの　めの　まわりを　くるくる　おどりました。

（松谷みよ子「りすのわすれもの」『花いっぱいになあれ』〈岩崎書店〉より）

④ 「㋒よの中に　出られました」とは、だれが　どう　した　ことですか。一つ　えらんで、〇で　かこみましょう。（15点）

ア　くるみの　めが　出た　こと。
イ　くるみが　じめんに　おちた　こと。
ウ　くるみの　花が　さいた　こと。

書く力
⑤ 「㋓りすと　くるみは、うんと　なかよし」と　ありますが、おたがいに　何《なに》を　して　あげるのですか。一つ15点（30点）

| りす | くるみ |
|---|---|
| (1) | (2) |

クイズ
さんたは　くるみの　めの　まわりで　どう　したかな？
①おどった　②うたった　③わらった

答え ▶ 79ページ

# 5 人物《じんぶつ》の 気もちを 読《よ》みとろう①

もくひょう 10分

月　日

とく点　　点

## つぎの 文章《ぶんしょう》を 読《よ》んで、もんだいに 答《こた》えましょう。【100点】

「ニュー ニュー ニュー。」

「あの こねこ、夕がたに すてられて しまってねえ。」

と、いちょうの 木が 話《はな》しだしました。

㋐「このままでは しんじまうよ。おなかも すいて いるんだ。こんやは また、ひえこんで きたものねえ。」

自分《じぶん》も こごえそうに、いちょうの 木は ふるえました。

「だから、わたしの はっぱを、こねこの 上に かけて ほしいのさ。わたしの はっぱは、おてんとさんの 光《ひかり》を いっぱい ためて いるから、あったかいんだよ。」

「でも。」

と、風《かぜ》の子が いいかけた とき、こねこが また、なきだしました。

① ㋐「このままでは しんじまうよ。」とは、だれの ことを さして いますか。（15点）

（　　　　）

② いちょうの 木が ふるえたのは なぜですか。（20点）

［　　　　］

③ いちょうの はっぱが あったかいのは なぜですか。一つ えらんで、○で かこみましょう。（20点）

ア おてんとさんの 光を ためて いるから。

イ こねこが はっぱの 上で ねて いたから。

ウ ずっと たきびに あたって いたから。

＊もんだいは うらに つづきます。

「ニュー　ニュー　ニュー。」

「さあ、いそいで。さあ　はやく。このねこが　むこうの　川にでも　おちたら　たいへんだ。あしたの　朝《あさ》まで　ねむったら、あの　こも　元気《げんき》が　でる　はずだよ。」

㋑風《かぜ》の子は、ちょっとの　あいだ　だまって　いましたが、やがて、かすれた　声《こえ》で　いいました。

「わかったよ。わかったよう。」

北風《きたかぜ》の子は　いちょうの　はを、そっと　ふきおとしはじめました。

まっ黒《くろ》こねこは、黄色《きいろ》い　はが　いきなり　ふって　きだしたので、㋒ニャゴニャゴと　さわぎたてました。

けれど、その　はっぱの　あたたかさが　じきに　つたわって　きたのでしょう。しだいに　しずかに　なりました。

「さあ、もっと　もっと、もっと　もっと。」

（あまんきみこ「金のことり」『あまんきみこ童話集1』〈ポプラ社〉より）

④「㋑だまって　いました」と　ありますが、この　ときの　北風の子の　気もちに　あう　ものを　一つ　えらんで、○で　かこみましょう。（20点）

ア　いちょうの　木に　たいして　はらを　立てる　気もち。

イ　いちょうの　木の　ことを　しんぱいする　気もち。

ウ　いちょうの　木が　元気に　なって　ほしい　気もち。

書く力

⑤「㋒ニャゴニャゴと　さわぎたてました」と　ありますが、この　ときの　こねこは　どんな　気もちだったと　おもいますか。（25点）

気もちを　あらわす　ことばを　入れわすれ　ないように　しよう。

クイズ

いちょうの　はを　ふきおとしたのは　だれだったかな？

①いちょうの　木　②まっ黒こねこ　③北風の子

答え▶80ページ

6

ものがたり

# 人物《じんぶつ》の 気もちを 読《よ》みとろう②

もくひょう 10分

月　日

とく点　　点

■ つぎの 文章《ぶんしょう》を 読《よ》んで、もんだいに 答《こた》えましょう。【100点】

黄色《きいろ》い はっぱの 山から、まっ黒《くろ》こねこが 顔《かお》だけ だしました。

そして、

「ニュー。」

と、高《たか》い 声《こえ》で なくと、大きな あくびなんか しました。

㋐おばあさんは、口を おさえて わらいました。

女の子も わらいながら かけよりました。そして、ひざまずいて、こねこを だきあげました。

「まっ黒ちゃんったら、こんな なかに もぐりこんで いたの？」

すると、こねこが また、

「ニュー。」

と、なきました。

女の子は こねこを だいて、おばあさんの ほうに いきながら いいました。

① まっ黒こねこは どこに いましたか。（15点）

（　　　　）

② ㋐「おばあさんは、口を おさえて わらいました。」と ありますが、どうして おばあさんは わらったのですか。（20点）

ア こねこが おどって いるのが かわいかったから。

イ 女の子が わらったのが おもしろかったから。

ウ こねこが あくびを したのが おかしかったから。

③ 女の子は まっ黒こねこを 見つけて かけよると、どう したのですか。（20点）

＊もんだいは うらに つづきます。

「おばあちゃん、㋑ふしぎよ。あの 黄色《きいろ》の はっぱ、こたつの ふとんみたいに あったかいんだもの。」

野原《のはら》を みまわして いたおばあさんが、はだかの 木をみつけて いいました。

「きっと、あの いちょうのはっぱだよ。あったかいって？ ふしぎだねえ。それに、ぜんぶ ちって しまっているよ。」

「ニュー。」

まっ黒《くろ》こねこが、また、高《たか》くなきました。

（よかった、よかった。）

と、風《かぜ》の子は おもいました。

（これで、あの こねこは だいじょうぶ。）

㋒風の子は、そこで いちょうの はっぱの まんなかに ひらりと 立つと、いきなり くるくるくると まわりだしました。


（あまんきみこ「金のことり」『あまんきみこ童話集1』〈ポプラ社〉より）

④ ㋑「ふしぎよ」と ありますが、女の子は どんな ことが ふしぎだと おもったのですか。（20点）

書く力
⑤ ㋒「風の子は、……まわりだしました。」と ありますが、この ときの 風の子は、どんな 気もちだったと おもいますか。（25点）

風の子が 心《こころ》の 中で おもった ことを そうぞうして みよう。

クイズ
おばあさんが みつけた いちょうは、どんな 木だったかな？
① 大きな 木 ② ほそい 木 ③ はだかの 木

答え ▶ 80ページ

ものがたり

# 7 あらすじを　とらえて　読《よ》もう

もくひょう 10分

月　日

とく点　点

## つぎの　文章《ぶんしょう》を　読《よ》んで、もんだいに　答《こた》えましょう。【100点】

村では、ずっと　雨が　ふらず、もう　のむ　水も　ありません。その　せいで、女の子のおかあさんが、びょうきに　なって　しまいました。

ある　ばん、くるしそうなおかあさんを　見て、

「わたし、なんとか　して、水を　さがして　くるわ。」

女の子は、木の　ひしゃくをもって　家《いえ》から　かけだしました。

くらい　夜道《よみち》を、水を　さがして　すすんで　いきます。けれど、水は　すこしも　見つかりません。

足は　ふらふら、のども　からから。

女の子は、もう　何日《なんにち》も　水をのんで　いませんでした。とうとう　かれた　くさはらに　たおれると、その　まま　ねむって　しまいました。

① 女の子の　おかあさんが　びょうきに　なったのは　なぜですか。一つ　えらんで、○で　かこみましょう。（15点）

ア　村で　びょうきが　はやって　いたから。

イ　雨が　ふらなくて、のむ　水が　なかったから。

ウ　むかしから　からだが　よわかったから。

② 女の子が　家から　かけだした　とき、何《なに》を　もって　いましたか。（15点）

（　　　　）

③ 女の子が　かれた　くさはらで　たおれたのは　なぜですか。（15点）

［　　　　］

＊もんだいは　うらに　つづきます。

ふと　目を　さますと、どう
でしょう！
木の　ひしゃくが
水で　いっぱいに
なって　います。
「まあ、水だわ！」
水が　のみたくて、女の子の
のどが　ごくりと　なりました。

「だめ　だめ。すぐに　おかあさんに　のませて　あげなくちゃ。」

㋐女の子は　がまんしました。

その　とき、クンクーンと、よわった　こいぬの　声《こえ》。

「水が　ほしいのね。いいわ、すこしなら。」

女の子は、手に　水を　すくうと、こいぬに　のませて　やりました。

すると、㋑なんと　ふしぎなのでしょう。木の　ひしゃくが、ぎんの　ひしゃくに　かわったのです。

しかも、へった　水は　また　いっぱいに　あふれて　います。


（「ひしゃくぼし」『こどもに人気の　めいさくたからばこ』〈学習研究社〉より）

④「㋐女の子は　がまんしました。」と　ありますが、この　ときの　女の子の　気もちに　合《あ》う　ものを　一つ　えらんで、○で　かこみましょう。（15点）

ア　すこしだけ　こいぬに　水を　わけて　あげたい。
イ　いっしょに　こいぬを　つれて　かえりたい。
ウ　はやく　おかあさんに　水を　のませて　あげたい。

書く力
⑤「㋑なんと　ふしぎなのでしょう。」と　ありますが、どんな　ことが　ふしぎだったのですか。　一つ20点（40点）

| ひしゃく | 水 |
|---|---|
| (1) | (2) |

クイズ
こいぬは　どんな　声で　ないて　いたかな？
①よわった　声　②こわい　声　③ひくい　声

答え ▶ 80ページ

# 8 かくにんテスト①

名前

もくひょう 15分

月　日

とく点　点

## ■ つぎの 文章《ぶんしょう》を 読《よ》んで、もんだいに 答《こた》えましょう。【100点】

〔おじいさんの 店《みせ》で たこを 買《か》った 子だぬきは、わなに かかりそうに なって、たこを おいて にげました。それを 知《し》った おじいさんは、かわいそうに 思《おも》って、新《あたら》しい たこを 作《つく》って やりました。〕

「さあ できた。子だぬきの やつ、大よろこびするに ちがいないぞ。」

おじいさんは、たこを かついで、とことこと 山へ のぼって いきました。

ところが、どんなに さがしても、子だぬきは 見つかりませんでした。あなぐらが あると、おじいさんは、一つ一つ、中を のぞきこんで みました。

「おうい、新しい たこを もって きて やったぞう。」

そんな ふうに、大声《おおごえ》で よんでも みました。でも、やはり、子だぬきは すがたを 見せませんでした。

① 山へ のぼって いく とき、おじいさんは どんな 気もちでしたか。（15点）

・早く 子だぬきの （　　　　） 顔《かお》が 見たい。

② おじいさんが、あなぐらを のぞきこんで 回《まわ》ったのは なぜですか。（20点）

〔　　　　〕

③ 子だぬきが すがたを 見せなかった とき、おじいさんは どんな 気もちでしたか。一つ えらんで、○で かこみましょう。（10点）

ア がっかりして いる。

イ うきうきして いる。

ウ こわく なって いる。

＊もんだいは うらに つづきます。

「しかたが　ない。たこは、このまま　山へ　おいといて　やると　しよう。そのうち、子だぬきの　やつが　見つけるかも　しれんからな。」

そう　考《かんが》えて、おじいさんは、たこを　木の　えだに　くくりつけると、日ぐれの　せまった　山道《やまみち》を　とぼとぼと　下りはじめました。

つぎの　朝《あさ》、目を　さまして　みると、外《そと》には、雪《ゆき》が　ふりだして　いました。

「やれやれ、この　ぶんでは、たこも　だめに　なって　しまったに　ちがいない。それにしても　山は　さむい　ことだろうなあ。子だぬきの　やつ、わなに　はさまれて、けがでも　して　いないと　いいんだが。」

おじいさんは、まいおちて　くる　雪を　ながめながら　ためいきを　つきました。

（小沢正『こだぬきとやっこだこ』〈フレーベル館〉より）

④ 「たこは、このまま　山へ　おいといて　やると　しよう。」と　ありますが、おじいさんは、たこを　どのように　して、山に　おいて　きたのですか。　一つ10点〔20点〕

（　　　　）に　（　　　　）、おいて　きた。

⑤ つぎの　朝は、どんな　天気に　なりましたか。　〔10点〕

（　　　　）

書く力

⑥ 雪を　ながめながら　ためいきを　ついた　とき、おじいさんは　どんな　気もちに　なりましたか。　〔25点〕

答え ▶ 80ページ

# 9 じじつを 正しく 読《よ》みとろう①

もくひょう 10分

月　日

とく点　　点

## つぎの 文章《ぶんしょう》を 読《よ》んで、もんだいに 答《こた》えましょう。【100点】

春《はる》から 夏《なつ》に かけて、ツバメの すでは ひなが かえります。

たまごから かえった ばかりの ひなは 目が あいて おらず、はねも はえて いません。でも、口だけは 大きくて、生まれると すぐに えさを たべます。

親鳥《おやどり》は おすと めすが こうたいで、ひなを あたためたり、えさを あつめたり します。

六日《むいか》くらいが たつと、ひなの 目が ひらきはじめます。そして、黒《くろ》っぽい 羽毛《うもう》が のびはじめます。ひなは えさを たくさん たべて、大きく なります。

親鳥は、一日に 何百回《なんびゃっかい》も えさを はこびます。ひなの えさは とんで いる こんちゅうです。カや アブ、トンボ、チョウなどを やります。

① ツバメの ひなが かえるのは いつですか。 一つ10点(20点)

・（　　　）から（　　　）に かけて。

② かえった ばかりの ツバメの ひなは、どんな すがたですか。一つ えらんで、〇で かこみましょう。(15点)

ア 目が 大きくて、はねは はえて いない。

イ 目は あいて おらず、はねが はえて いる。

ウ 目は あいて おらず、はねも はえて いない。

③ ツバメの ひなの 目が ひらくのは いつですか。(15点)

・たまごから かえって、（　　　）が たった とき。

＊もんだいは うらに つづきます。

㋐二週間《にしゅうかん》も　たつと、ひなたちは　羽毛《うもう》が　はえそろい、親鳥《おやどり》と　同《おな》じような　すがたに　なります。つばさを　ばたばたと　うごかして　とぶ　れんしゅうを　はじめます。そして、㋑三週間が　たつと、すから　とび立ちます。

すから　とび立って　二、三日は、まだ　じょうずに　とぶ　ことが　できないので、近《ちか》くの　電線《でんせん》などに　とまって、親鳥から　えさを　もらいます。

㋒四週間が　たつと、じょうずに　とんで　自分《じぶん》で　えさを　とれるように　なります。その　あと、ひなは　親鳥と　わかれて　くらすように　なります。

そして、夏《なつ》が　おわり、すずしく　なって　くると、ツバメたちは　大きな　むれを　つくり、南《みなみ》の　国《くに》へ　むかって　とんで　いきます。

（文　伊藤年一）

④ ――線《せん》㋐～㋒の　あいだに　ひなは　どんな　ことを　し　ますか。　一つ10点（30点）

| ㋐二週間 | ㋑三週間 | ㋒四週間 |
| --- | --- | --- |
| （　　）を　ばたばたと　うごかす。 | （　　）から　とび立つ。 | 自分で（　　）ように　なる。 |

書く力

⑤ 夏が　おわって　すずしく　なると、ツバメは　どう　するのですか。　（20点）

（　　　　）

クイズ

たまごから　かえって　どれくらいで、ひなは　親鳥と　わかれるのかな？

① 二週間　② 三週間　③ 四週間

答え ▶ 81ページ

# 10 じじつを 正しく 読《よ》みとろう②

もくひょう 10分

月　日

とく点　点

■ つぎの 文章《ぶんしょう》を 読《よ》んで、もんだいに 答《こた》えましょう。【100点】

犬は 人間《にんげん》に とって、とても みぢかな どうぶつです。わたしたちは 大むかしから 犬を かいつづけて きました。それは 犬が 人に よく なつき、人の 言《い》う ことを よく きくからです。

今《いま》では ペットの ほかにも、わたしたちの 生活《せいかつ》に やくだって いる 犬が たくさん います。

もうどう犬は、目の ふじゆうな 人に、しょうがいぶつや かいだんの 場《ば》しょを 教《おし》える など、あんぜんに 歩《ある》く ための おてつだいを する 犬です。

ちょうどう犬は、耳の ふじゆうな 人に、目ざまし時計《どけい》や ファックスの じゅしん音、げんかんの チャイム、ピーピー 鳴《な》る やかんなどが 鳴った ことを 知《し》らせる 犬です。

① 人間が、大むかしから 犬を かいつづけて いるのは、なぜですか。 一つ10点(20点)

・犬が 人に （　　　　）、人の 言う ことを （　　　　）から。

② つぎの 文で、もうどう犬に 合《あ》う ものには ○、ちょうどう犬に 合う ものには △を 書《か》きましょう。 一つ5点(20点)

ア（　）耳の ふじゆうな 人を たすける。

イ（　）目の ふじゆうな 人を たすける。

ウ（　）かいだんの 場しょを 教える。

エ（　）音が 鳴った ことを 知らせる。

＊もんだいは うらに つづきます。

かいじょ犬は、体《からだ》の ふじゆうな 人の 手や 足の かわりに なって はたらく 犬です。おとした ものを ひろったり、エレベーターの ボタンを おしたり、ドアの あけしめを したり します。

セラピー犬は、お年よりや びょうきの 人などと ふれあう ことで、ふあんな 気もちを へらし、元気《げんき》と やる気を とりもどす きっかけを つくる 犬です。

このように いろいろな 犬が わたしたちの 生活《せいかつ》を たすけて くれて います。みの まわりにも わたしたちの 生活に やくだって いる 犬が いないか、かんさつして みましょう。

③ かいじょ犬は、体の ふじゆうな 人の かわりに、どんな ことを しますか。 一つ10点(30点)

(1) （　　　）を ひろう。

(2) （　　　）の ボタンを おす。

(3) ドアの （　　　）を する。

書く力

④ セラピー犬は、お年よりや びょうきの 人などに たいして、どんな やくわりを もって いるのですか。 (30点)

・お年よりや びょうきの 人などと ふれあって、

クイズ

体の ふじゆうな 人に やくだって いるのは どの 犬かな？

①ちょうどう犬 ②もうどう犬 ③かいじょ犬

答え ▶ 81ページ

# 11 じゅんじょに 気を つけて 読《よ》みとろう①

もくひょう 10分

月 日

とく点 点

■ つぎの 文章《ぶんしょう》を 読《よ》んで、もんだいに 答《こた》えましょう。【100点】

あさがおは 夏《なつ》の 朝《あさ》に さく 花です。春《はる》に あさがおの たねを 土に まきます。八日ほど たつと、めが 出ます。めは 二つに わかれて ふたばに なります。

それから 二日ほど たつと、ふたばの あいだから、本《ほん》ばと いう はが 出ます。本ばは 日光《にっこう》を あびて、えいようを 作《つく》る はたらきを します。

やがて、本ばが 何《なん》まいにも ふえる ころ、くきの 先が のびて つるが できます。つるの そばに ぼうを 立てると、それに まきついて 上へと のびて いきます。

つるが 上へと のびるのは なぜでしょうか。それは、せを 高《たか》く する ほうが、日光が よく あたり、えいようを 多《おお》く 作る ことが できるから です。

① あさがおは たねを まいて から どのくらい たつと めを 出しますか。（10点）

（　　　　）

② あさがおの 本ばは どのような はたらきを しますか。一つ えらんで、○で かこみましょう。（15点）

ア ぼうに まきつく はたらき。

イ えいようを 作る はたらき。

ウ 日光から 花を まもる はたらき。

③ あさがおの つるが 上へ のびるのは 何《なに》を する ためですか。（15点）

・日光が よく あたるように、（　　　　）する ため。

＊もんだいは うらに つづきます。

あさがおの　つるは、しゅるいにも　よりますが、五メートルほどの　高《たか》さに　なる　ことも　あります。のびた　つるは　えだ分《わ》かれを　しながら、広《ひろ》がって　いきます。

二か月ほど　たって　夏《なつ》になると、たくさんの　はの　かげから、ほそ長《なが》い　つぼみが　出ます。つぼみは　朝早《あさはや》くに　花を　さかせます。

（ピクスタ）

花は　その　日の　昼《ひる》には　しぼんで　しまいます。いちど　しぼむと、もう　さく　ことは　ありません。そのまま、しおれて、おちて　しまいます。朝に　花を　さかせるから　あさがおと　いうのですね。

夏の　おわり、花が　ちった　あとに、小さな　みが　なります。みの　中には　たねが　つまって　います。その　たねから、つぎの　年に　また　めが　出るのです。

書く力

④ あさがおの　花は　いつ　さいて、いつ　しぼむのですか。（20点）

[　　　　　　　　]

⑤ 「小さな　み」の　中には、何《なに》が　あるのですか。（10点）

（　　　　　　　　）

⑥ あさがおが　そだつ　じゅんに　なるように、（　）に　番号《ばんごう》を　書《か》きましょう。一つ6点（30点）

ア（　）つぼみが　花を　さかせる。

イ（　）つるが　えだ分かれ　して　広がる。

ウ（　）小さな　みが　できる。

エ（　）はの　かげに　つぼみが　できる。

オ（　）花が　ちる。

クイズ

あさがおの　つるは　どのくらいの　高さまで　のびる　ことが　あるのかな？

① 三メートルほど　② 五メートルほど　③ 十メートルほど

答え ▶ 81ページ

# 12 じゅんじょに 気を つけて 読《よ》みとろう②

もくひょう 10分

月　日

とく点　　点

■ つぎの 文章《ぶんしょう》を 読《よ》んで、もんだいに 答《こた》えましょう。【100点】

　ぼくじょうの 一日を みてみましょう。この ぼくじょうでは らくのう家《か》さんが、牛《うし》のせわを して、牛《ぎゅう》にゅうを 作《つく》る しごとを して います。

　らくのう家さんは 朝早《あさはや》くから しごとを します。まず、牛の いる こやを そうじして、ゆかに しいて いる わらを 新《あたら》しい わらに かえます。つぎに、牛に えさを やります。

　それから、牛が びょう気になって いないか、牛にゅうを少《すこ》し しぼって けんさします。牛にゅうを しぼる 前《まえ》には、牛の おっぱいを ふきます。牛にゅうに ばいきんが 入らないように する ためです。そして、おっぱいに さくにゅうきと いう きかいを つけて しぼります。しぼった 牛にゅうは タンクに 入れてひやします。

① ぼくじょうで らくのう家さんは、どのような しごとを して いますか。 一つ10点(20点)

・（　　　）の せわを して、（　　　）を 作る しごと。

② らくのう家さんが 朝早くから する しごとの じゅんに なるように、（　）に 番号《ばんごう》を 書《か》きましょう。 一つ6点(30点)

ア（　）牛に えさを やる。

イ（　）こやの わらを 新しい わらに かえる。

ウ（　）きかいで 牛の おっぱいを しぼる。

エ（　）牛にゅうを タンクに 入れて ひやす。

オ（　）牛の びょう気を けんさする。

＊もんだいは うらに つづきます。

天気の よい 日には、牛《うし》たちを 外《そと》に 出し、草の 上で のんびりさせます。これを ほうぼくと いいます。その あいだに、えさと なる ぼく草《そう》や、こやの ゆかに しく わらを かりとる ことも あります。

昼《ひる》すぎに、ぼく草や トウモロコシなどを まぜて、えさの じゅんびを します。牛の 体《たい》ちょうに 合《あ》わせて、えさの 内《ない》ようも かえて います。

夕方《ゆうがた》に、もういちど 牛《ぎゅう》にゅうを しぼります。そして、牛が ねむる ための わらを しいたり、そうじを したり します。

えさやりや そうじは、一日に なんども します。なぜかと いうと、よい 牛にゅうを たくさん 作《つく》るには、牛たちが けんこうで、気もちよく すごす ことが とても たいせつだからです。

**クイズ**

牛の えさに まぜる ものは 何かな？

①わら ②牛にゅう ③トウモロコシ

③ 天気の よい 日には、何《なに》を しますか。四字で 書《か》き出しましょう。（15点）

④ つぎの しごとの うち、昼すぎに する ものには ○を、夕方に する ものには △を、書きましょう。一つ5点（15点）

ア（　）牛にゅうを しぼる。

イ（　）牛の えさを じゅんびする。

ウ（　）牛が ねむる ための わらを しく。

書く力

⑤ えさやりや そうじを 一日に なんども するのは なぜですか。（20点）

• よい 牛にゅうを たくさん 作る ためには、

答え ▶ 81ページ

13 せつめい文

# といと 答《こた》えを 読《よ》みとろう

もくひょう 10分

月　日

とく点　　点

**つぎの 文章《ぶんしょう》を 読《よ》んで、もんだいに 答《こた》えましょう。**【100点】

コウモリと いう どうぶつを 知《し》って いますか。

　コウモリは、頭《あたま》は ネズミに にて いますが、鳥《とり》のように 羽《は》ばたいて 空を とぶ ことが できる どうぶつです。鳥は つばさに 羽《はね》が 生えて いますが、コウモリには、羽は 生えて いません。そのかわり、前足《まえあし》の ゆびの 間《あいだ》に まくが あり、その まくを 広《ひろ》げて とぶのです。

　コウモリは、夜《よる》に なると 外《そと》を とびまわり、えさを さがします。

　コウモリには、虫を 食《た》べる もの、くだものを 食べる もの、ちを すう ものが います。

　コウモリは、昼間《ひるま》、どうくつ などの 天じょうに、さかさに ぶら下がって 休んで います。

① コウモリの 頭は 何《なに》と にて いるのですか。（10点）

（　　　　）の 頭。

② コウモリの こうどうに ついて、ひょうに 書《か》き入れましょう。 一つ10点（30点）

| いつ | どう する |
|---|---|
| 夜 | ㋐ とびまわって、（　　　）を（　　　） |
| 昼 | ㋑ どうくつなどの 天じょうに（　　　） |

＊もんだいは うらに つづきます。

この　と
きに　おしっ
こや　うん
ちが　した
くなると、
コウモリは、
どう　するのでしょうか。

　もし、さかさの　まま、つまり、おしりが　上の　まま、おしっこなどを　出して　しまったら、みんな　体《からだ》や　顔《かお》に　かかって、よごれて　しまいます。
　じつは、コウモリは、おしっこや　うんちを　する　ときは、さかさでは　なく、つばさの　先に　ある　つめを　天じょうに　ひっかけて、おしりを　下に　むけてから　出すのです。
　だから、コウモリが　あつまって　休んで　いる　場《ば》しょの　地《じ》めんには、コウモリたちの　うんちが、山のように　なって　つもって　いるのです。

③ コウモリは、おしっこなどを　する　とき、どのようにして　出しますか。　一つ10点(20点)

（　　　　）を　天じょうに　ひっかけて、（　　　　）を　下に　むけてから　出す。

書く力

④ コウモリが、おしっこなどを　さかさの　まま　しないのは、なぜですか。(20点)

（　　　　）

⑤ コウモリたちが　休んで　いる　場しょの　地めんは、どう　なって　いますか。(20点)

（　　　　）

クイズ

コウモリは　何《なに》を　つかって　空を　とぶのかな？

① つばさの　羽《はね》　② 前足《まえあし》の　まく　③ 足の　つめ

答え ▶ 82ページ

せつめい文

14

# 文の 組《く》み立てを とらえよう①

もくひょう 10分

月　日

とく点　　点

■ つぎの 文章《ぶんしょう》を 読《よ》んで、もんだいに 答《こた》えましょう。【100点】

せみで 鳴《な》くのは、おすだけです。鳴いて、めすを よんで いるのです。めすは、鳴いて いる おすを さがして、とんで きます。

おすにも めすにも 耳が あって、同《おな》じ なかまの せみの 声《こえ》を 聞《き》き分《わ》けられます。めすは、自分《じぶん》と 同じ なかまの おすを、耳で、まちがえる こと なく さがせるのです。

せみは、林や 森の 中の はの 多《おお》い 木に、すがたを 見えにくく して、とまって います。もし、おすが 大きな 声で 鳴いて くれないと、めすには、おすを さがす ことが むずかしく なります。

それで、おすは、自分の とまって いる いちを めすに わかりやすく する ために、とても 大きな 声で 鳴くのです。

① つぎの 文で、せみの おすに 合《あ》う ものには ○、めすに 合う ものには ◎、りょうほうに 合う ものには △を 書《か》きましょう。 一つ5点(20点)

ア（　）鳴かない。

イ（　）なかまの 声を 聞いて とんで くる。

ウ（　）大きな 声で 鳴く。

エ（　）耳が ある。

② せみの おすが 大きな 声で 鳴かないと、めすが おすを 見つけにくいのは、なぜですか。 一つ10点(20点)

・せみは、

（　　　　　）に、

（　　　　　）して、とまって いるから。

＊もんだいは うらに つづきます。

また、せみは ようちゅうの ときには、何年《なんねん》も、土に もぐって います。その あいだ、木の ねっこから えいようを すって 生きて います。

　しかし、せいちゅうに なった せみは、一週間《いっしゅうかん》ほどしか 生きません。せみの おすと めすは、みじかい 時間《じかん》の うちに 出会《であ》い、めすは たまごを 木の えだに うみつけなくては なりません。ですから、㋐おすは、早く めすが 来《き》て くれるように、大きな 声《こえ》で 鳴《な》くのです。

　さらに、近《ちか》くに なかまの おすが たくさん いると、きょうそうに なります。㋑ほかの おすより よけいに 大きい 声で 鳴かないと、なかなか めすに さがして もらえません。

③ せみの ようちゅうは、土の 中で どのように して 生きて いるのですか。（20点）

（　　　　）

書く力

④ 「㋐おすは、早く めすが 来て くれるように」しなくては ならないのは、なぜですか。（20点）

（　　　　）

⑤ 「㋑ほかの おすより よけいに 大きい 声」で、おすが 鳴くのは、なぜですか。 一つ10点（20点）

・なかまの おすが たくさん いると、（　　）に なり、（　　）に さがして もらえなく なるから。

クイズ

せみの めすは どこに たまごを うみつけるのかな？

①土の 中 ②木の ねっこ ③木の えだ

答え ▶ 82ページ

# 15 文の 組《く》み立てを とらえよう②

もくひょう 10分

月　日

とく点　　点

■ つぎの 文章《ぶんしょう》を 読《よ》んで、もんだいに 答《こた》えましょう。【100点】

草花は いろいろな 場《ば》しょに 生えて います。どうろの コンクリートの われ目や へい、やねの 上などに 生えて いる ことも あります。どうして ㋐このような 場しょに 生えて いるのでしょうか。たねは いったい どのように して やってきたのでしょうか。

たんぽぽの たねは、ふわふわした わた毛《げ》が はえて います。わた毛に 風《かぜ》が あたると うかび上がり、ゆっくりと とんで いきます。そして、とおくまで ちらばって ゆきます。

カエデの たねは、風を うける つばさが ついて います。つばさが 風を うけて、くるくると 回《まわ》りながら ちらばります。五十キロメートルも とんで いったと いう 記《き》ろくも あります。

① ㋐「このような 場しょ」が さして いるのは、どんな 場しょですか。 一つ10点(20点)

・（　　　）の コンクリートの われ目や へい、（　　　）の 上などの 場しょ。

② たんぽぽの たねには、何《なに》が 生えて いますか。一つ えらんで、○で かこみましょう。 (10点)

ア ふわふわした つばさ。
イ ふわふわした わた毛。
ウ ふわふわした ふくろ。

③ カエデの たねは、風を うけると どう なりますか。 (20点)

・（　　　）ながら ちらばる。

＊もんだいは うらに つづきます。

センダングサの たねは、かぎばりで おおわれて いて、人の ようふくや どうぶつの 体《からだ》に くっつきます。人や どうぶつに くっついた まま 遠《とお》くに はこばれて、おちた ところで めを 出します。

（ピクスタ）

ノイバラの たねは、あざやかな 赤い 色《いろ》を した みに つつまれて います。この みを 鳥《とり》が ついばみ、たねも いっしょに のみこんで とんで いきます。鳥の おなかの 中で、みの かわや にくは とけて しまいます。そして、㋑たねだけが のこって 鳥の ふんに まじって いろいろな 場《ば》しょに おとされます。

こうして、たねは いろいろな 方《ほう》ほうで、あちらこちらへ たねを ちらして います。

（文 伊藤年一）

④ センダングサの たねが、人や どうぶつに くっつくのは なぜですか。（20点）

⑤ ノイバラの たねは どうなって いますか。一つ えらんで、○で かこみましょう。（10点）

ア みどり色の みに つつまれて いる。
イ 赤い 色を した かぎばりに つつまれて いる。
ウ 赤い 色を した みに つつまれて いる。

書く力
⑥ ノイバラの「㋑たねだけが のこって」いるのは なぜですか。（20点）

クイズ
鳥に 食《た》べられて はこばれるのは、何《なん》の たねかな？
① ノイバラ ② センダングサ ③ たんぽぽ

答え ▶ 82ページ

# 16 かくにんテスト②

名前

もくひょう 15分

月　日

とく点　点

■ つぎの 文章《ぶんしょう》を 読《よ》んで、もんだいに 答《こた》えましょう。【100点】

鳥《とり》には、どんな ちえが あるのでしょうか。

チドリの なかまは、キツネなどの てきが ひなに 近《ちか》づくと、親鳥《おやどり》が てきの 前《まえ》に とび出し、けがを した ふりを します。

その てきが、親鳥を つかまえようと 近づくと、それに 合《あ》わせて 少《すこ》し にげ、また くるしんで いる ふりを するのです。

そう やって、親鳥は てきを、ひなの いる ところと はんたいの 方《ほう》こうへ さそいます。そして、てきが ひなから 十分《じゅうぶん》に はなれると、いきなり とび立って にげるのです。

① といかけを して いる 一文を 書《か》き出しましょう。（20点）

（　　　　　　　　　　）

② チドリの 親鳥は、てきが ひなに 近づくと、どう しますか。（20点）

・てきの 前に 出て、（　　　　　　）を する。

③ チドリの 親鳥は、てきを どの 方こうへ さそうのですか。一つ えらんで、○で かこみましょう。（10点）

ア てきが とび出して きた 方こう。

イ ひなの いる 方こう。

ウ ひなの いる ところと はんたいの 方こう。

＊もんだいは うらに つづきます。

セッカは、くちばしを じょうずに つかい、ススキや チガヤの はを、クモの 糸で ぬいあわせて、すを 作《つく》ります。

　この すは、おすが めすを よぶ ための ものです。めすは、その すが 気に 入ると、中に ススキや チガヤの ほなどを はこびこんで、あたたかい すを 作ります。

　ある 公園《こうえん》に すむ ササゴイは、木の はや 鳥《とり》の 羽《はね》などの にせの えさを、池《いけ》の 魚《さかな》の 近《ちか》くに おとします。それを えさと まちがえて 近づいた 魚を、すばやく とらえます。

　エジプトハゲワシは、ダチョウの たまごに 石を たたきつけて わります。こうして、たまごの なかみを 食《た》べます。

④ セッカは 何《なに》を つかって、すを 作りますか。一つ えらんで、○で かこみましょう。（10点）

ア 木のはや 鳥の 羽。
イ ススキや チガヤの は。
ウ 石や 木のは。

⑤ 「それ」とは、何を さして いますか。（20点）

書く力

⑥ エジプトハゲワシは、どのように して ダチョウの たまごの なかみを 食べるのですか。（20点）

たまごの なかみを 食べる。

答え ▶ 82ページ

# 17 会話《かいわ》から 気もちを 読《よ》みとろう①

もくひょう 10分

月　日

とく点　点

## つぎの 文章《ぶんしょう》を 読《よ》んで、もんだいに 答《こた》えましょう。 【100点】

ある 朝《あさ》、うまれたばかりの もんしろちょうが、池《いけ》の そばに きた。そして、草の はに つかまって、池の おもてに うつる 自分《じぶん》の すがたに 見とれ、思《おも》わず ㋐「ま、きれい！」と つぶやいた。

池は、くすっと わらって いった。

㋑「ああ。あんたは とても きれいだよ」

ほんとうに 〈うまれたて〉と いうのは いい ものだ。もんしろちょうは、朝日を あびて、光《ひかり》の かけらのようで ある。

「そう？ そうでしょ。ええっと……はねも、きちんと うごくかしら。なにしろ、できたてなのよね」

① 池に きた もんしろちょうは どこに つかまりましたか。（10点）

（　　　　　　　）

② ――線《せん》㋐・㋑は、だれの ことばですか。 一つ10点（20点）

| ㋐ | ㋑ |
|---|---|
| | |

③ 朝日を あびた もんしろちょうの はねは、どんな ふうに 見えましたか。一つ えらんで、〇で かこみましょう。（15点）

ア にじの かけらのようだ。

イ 光の かけらのようだ。

ウ 花の ようせいのようだ。

＊もんだいは うらに つづきます。

もんしろちょうが、はねを
ひらいたり とじたり すると、
はねの まわりに 小さな に
じが できたようなのだ。
「ほほう！ これは これは」
池《いけ》は、もんしろちょうを ㋒見
つめて いった。
「ようせいと いうのは、もし
かすると あんたの ことじゃ
ないかと 思《おも》うほどだ。あん
たが、ひとおどり おどれば、
これは もう ようせい そ
のものだな」
「そう？ そうでしょ。㋓じゃ、
できたての はねで、おどるね」
もんしろちょうは、ようせい
のようだと いわれたのが、と
ても 気に 入った。そこで
わらって まいあがり、池の
まわりで、はたはた ひらひら
おどって みせた。それから、
花や 風《かぜ》や、いろんな ものを
見つけに とんで いった。
「はてさて、元気《げんき》のよい こと」
池は わらって つぶやいた。

（工藤直子「おいで、もんしろ蝶」『おいで、もんしろ蝶』〈理論社〉より）

④ 池が「㋒見つめて」いるのは、もんしろちょうが 何《なに》をして いる ようすでしたか。（20点）

［　　　　　］して いる ようす。

⑤ 「㋓じゃ、できたての はねで、おどるね」と いった ときの もんしろちょうは どんな 気もちでしたか。一つ えらんで、○で かこみましょう。（15点）

ア ふしぎな 気もち。
イ おこって いる 気もち。
ウ うれしい 気もち。

書く力

⑥ もんしろちょうが とんで いったのは、何を する ためですか。（20点）

［　　　　　］

クイズ

もんしろちょうが とんで いった とき、池は どう したかな？

①ないた ②わらった ③おこった

答え ▶ 83ページ

# 18 会話《かいわ》から 気もちを 読《よ》みとろう②

もくひょう 10分

月　日

とく点　点

## つぎの 文章《ぶんしょう》を 読《よ》んで、もんだいに 答《こた》えましょう。【100点】

もんしろちょうは、おかあさんに なって、たまごを うみました。白かった はねは すこし はい色《いろ》がかって いました。今《いま》では、あまり 遠《とお》くには 行《い》かなく なりました。

「あら、きょうは きもちの いい 風《かぜ》が ふいて いる。㋐ちょっと 遠くまで さんぽに 行って みようかしら。みんなに あいさつしたいし ……。」

㋑「行って おいで。気を つけてね」

その日、空は くっきりと 晴《は》れ、いい においの 風が、力づよく ふいて いた。なかなか もどらない もんしろちょうを まちながら、池《いけ》は （この 風、あの はい色の はねには、ちょっと つよすぎるのでは なかろうか） と しんぱいした。

① ㋐「ちょっと 遠くまで」 さんぽに 行くのは 何《なん》の ためですか。（10点）

・みんなに （　　　　） ため。

② ㋑「行って おいで。気を つけてね」と いったのは だれですか。一つ えらんで、○で かこみましょう。（10点）

ア 空　イ 風　ウ 池

③ もんしろちょうの かえりを まって いる 池は どんな 気もちでしたか。一つ10点（20点）

・もんしろちょうの はい色の はねには、風が ちょっと （　　　　）のでは ないかと （　　　　） 気もち。

＊もんだいは うらに つづきます。

「ただいま。　ああ　おもしろかった」

声《こえ》は、いつものように　ようきだが、ひさしぶりの　さんぽから　もどった　もんしろちょうを　見て、池《いけ》は　㋒どきりと　した。（やはり　あの　風《かぜ》の　せいか！）もんしろちょうの　はねは、ところどころ　やぶれて、けばだって　いる。しかし、もんしろちょうは、いつものように　池に　たずねた。

「きょうの　あたしの　ようす、どう？」

「あ、ああ。……ようせいと　いうのは、もしかすると　あんたのこと　じゃないかと　思《おも》うほどだ」

「よかった。はねが　おもいから、どう　したのかと　思って。……このごろ　目が　よく見えなくて、はねが　どうなって　いるか、わからないの」

「㋓……きらきらした、いい　はねだ」

「ふふ。そう？　そうでしょ」


（工藤直子「おいで、もんしろ蝶」『おいで、もんしろ蝶』〈理論社〉より）

書く力
④ 池が「㋒どきりと　した」のは　なぜですか。（30点）

⑤ もんしろちょうの　目は　どうなって　いましたか。（15点）

（　　　　）なって　いた。

⑥ 「㋓きらきらした、いい　はねだ」と、池が　いったのは　なぜですか。一つ　えらんで、○で　かこみましょう。（15点）

ア　もんしろちょうの　はねが　とても　きれいだから。
イ　もんしろちょうを　かなしませたく　ないから。
ウ　もんしろちょうを　おこらせると　こわいから。

クイズ

かえって　きた　もんしろちょうの　声は　どんな　かんじだったかな？

① ようきだった　② かすれて　いた　③ くるしそうだった

答え ▶ 83ページ

ものがたり

# 19 人物《じんぶつ》の 気もちの へんかを 読《よ》みとろう①

もくひょう 10分

月　日

とく点　　点

## つぎの 文章《ぶんしょう》を 読《よ》んで、もんだいに 答《こた》えましょう。【100点】

豆太《まめた》は、ま夜中《よなか》に、ひょっと目を さました。頭《あたま》の 上で、くまの うなり声《ごえ》が きこえたからだ。

「じさまぁっ」

㋐むちゅうで じさまに しがみつこうと したが、じさまは いない。

「ま、豆太、しんぱいすんな。じさまは、じさまは、ちょっと はらが いてえだけだ」

まくらもとで、くまみたいに からだを まるめて うなって いたのは、じさまだった。

「じさまっ」

こわくて、びっくらして、豆太は じさまに とびついた。けれども、じさまは、ころりと たたみに ころげると、はを 食《く》いしばって、ますます すごく うなるだけだ。

① 豆太が きいた くまの うなり声とは、じっさいには 何《なん》でしたか。 一つ10点(20点)

・（　　　　）が、（　　　　）声。

② 「㋐むちゅうで じさまに しがみつこうと した」ときの 豆太は、どんな 気もちでしたか。一つ えらんで、○で かこみましょう。 (10点)

ア たのしい 気もち。
イ こわい 気もち。
ウ かなしい 気もち。

③ じさまが、ころりと たたみに ころげたのは、なぜですか。 (20点)

・（　　　　）から。

＊もんだいは うらに つづきます。

「いしゃさまを　よばなくっちゃ」

豆太《まめた》は、小犬みたいに　からだを　まるめて、＊おもて戸《ど》を　からだで　ふっとばして　走《はし》りだした。

＊おもて戸…いえの　入り口の　戸。

ねまきの　まんま。はだしで。＊半道《はんみち》も　ある　ふもとの　村まで――。

＊半道…やく二キロメートル。

外《そと》は　すごい　星《ほし》で、月も　でて　いた。とうげの　くだりの　さか道《みち》は、いちめんの　まっ白い　しもで、雪《ゆき》みたいだった。しもが　足に　かみついた。足からは　ちが　でた。豆太は、なきなき　走った。

㋑いたくて、さむくて、こわかったからなぁ。

でも、大すきな　じさまの　しんじまう　ほうが、もっと　こわかったから、なきなき　ふもとの　いしゃさまへ　走った。

（斎藤隆介「モチモチの木」『日本の名作童話5　モチモチの木』〈岩崎書店〉より）

④ いしゃさまは　どこに　いるのですか。（10点）

（　　　　）

⑤ 豆太が　外に　とびだした　とき、道は　どう　なって　いましたか。一つ10点（20点）

・いちめんの（　　　　）で、（　　　　）に　なって　いた。

書く力

⑥ ㋑「いたくて、さむくて、こわかった」のに、豆太が　走ったのは　なぜですか。（20点）

「なぜ」と　きかれたら、「～から。」と　いう　かたちで　答《こた》えよう。

**クイズ**

外に　とびだした　とき、豆太は　何《なに》を　きて　いたかな？

①ゆかた　②きもの　③ねまき

答え▶83ページ

ものがたり

# 20 人物《じんぶつ》の 気もちの へんかを 読《よ》みとろう②

もくひょう 10分

月　日

とく点　　点

## つぎの 文章《ぶんしょう》を 読《よ》んで、もんだいに 答《こた》えましょう。【100点】

［ま夜中《よなか》に、はらが いたいと いって うなって いた じさまの ために、豆太《まめた》は いしゃさまを よびに 走《はし》った。］

これも 年よりじさまの いしゃさまは、豆太から わけを きくと、

「おう、おう――」

と いって、ねんねこばんてん*に くすりばこと 豆太を おぶうと、ま夜中の とうげ道《みち》を、えっちら、おっちら、じさまの こやへ のぼって きた。

とちゅうで、月が でてるのに、雪《ゆき》が ふりはじめた。この冬《ふゆ》 はじめての 雪だ。豆太は、そいつを ねんねこの 中から 見た。

そして、㋐いしゃさまの こしを、足で ドンドン けとばした。じさまが、なんだか しんじまいそうな 気が したからな。

*ねんねこばんてん…赤ちゃんを せおう ときに きる はんてん。

① いしゃさまは どんな 人でしたか。（15点）

・（　　　　）の いしゃさま。

② 豆太を おぶった いしゃさまは、どんなふうに じさまの こやへ きましたか。一つ えらんで、○で かこみましょう。（15点）

ア はやく 走って きた。

イ えっちら、おっちら、のぼって きた。

ウ 馬《うま》に のって きた。

③ 豆太が「㋐いしゃさまの こしを、足で ドンドン けとばした」のは、なぜですか。（20点）

・じさまの ことが、（　　　　）なので、いしゃさまを せかす ため。

＊もんだいは うらに つづきます。

豆太《まめた》は、こやへ　はいる　とき、もう　ひとつ　ふしぎな　ものを　見た。

「モチモチの　木に、灯《ひ》が　ついて　いる」

けれど、いしゃさまは、

「あ、ほんとだ。まるで、灯が　ついたようだ。だども、あれは、とちの　木の　うしろに　ちょうど　月が　でて　きて、えだの　あいだに　星《ほし》が　ひかってるんだ。そこに　雪《ゆき》が　ふってるから、あかりが　ついたように　見えるんだべ」

と　いって、こやの　中へ　はいって　しまった。だから、豆太は、㋑その　あとは　知《し》らない。いしゃさまの　てつだいを　して、かまどに　まきを　くべた＊り、ゆを　わかしたり　なんだり、いそがしかったからな。

＊くべる…火の　中に　入れる。

（斎藤隆介「モチモチの木」『日本の名作童話5　モチモチの木』〈岩崎書店〉より）

④ 豆太が、こやへ　はいる　ときに　見た　ふしぎな　ものとは、何《なん》でしたか。一つ　えらんで、○で　かこみましょう。（20点）

ア　あかりが　ついたように　見える　月。

イ　ま夜中《よなか》の　空に　ひかって　いる　星。

ウ　灯が　ついて　いる　モチモチの　木。

書く力

⑤ 豆太が、㋑「その　あとは　知らない」のは、なぜですか。（30点）

・こやの　中へ　入って、

「その　あと」とは、灯が　ついた　モチモチの　木が　どう　なったかと　いう　ことだよ。

クイズ

モチモチの　木の　えだの　あいだに　ひかって　いたのは　何だったかな？

①星　②雲《くも》　③たいよう

答え ▶ 83ページ

# 21 人物《じんぶつ》の行動《こうどう》の理由《りゆう》を読《よ》みとろう①

もくひょう 10分

月　日

とく点　　点

■ つぎの 文章《ぶんしょう》を 読《よ》んで、もんだいに 答《こた》えましょう。【100点】

日も ささない ふかい 海《うみ》の そこは、いつも くらく しずかで、冬《ふゆ》でも 春《はる》でも、さっぱり かわりが ないようでした。

でも、たらばがにの おかあさんには、冬が おわって 春が 来《き》たのが わかるのです。

「おとなりの おくさん。そろそろ あさい ところへ 引《ひ》っこしましょうか。おなかの 子どもたちが、早く たまごから かえって およぎたいって、さわぐんですもの。」

「そうね。こうらの ぬぎかえも しなきゃ。古《ふる》い こうらじゃ、からだが きゅうくつですもの。」

二ひきが そんな 話《はなし》を して いた ときです。どこからか しのびよって きた 大きな みずだこが、ふいに、おとなりの おくさんがにに おそいかかって きました。

① 冬でも 春でも かわりが ないのは どこですか。（10点）

（　　　　）

② たらばがにの おかあさんたちは どこに 引っこすのですか。（10点）

（　　　　）

③ 二ひきの たらばがにが 話を して いる ときに、どんな ことが おこりましたか。一つ10点（20点）

（　　　　）が しのびよって きて、（　　　　）に おそいかかった こと。

とうじょう人物《ぶつ》に ちゅういして 考《かんが》えよう。

＊もんだいは うらに つづきます。

おくさんがには、あっというまに、みずだこの　ぐにゃぐにゃした　からだに　つつみこまれて、見えなく　なりました。

　おかあさんがには、それを見て、あまりの　おそろしさに、すっかり　㋐足も　すくんで　しまいました。

　でも、おかあさんがには、行《い》かなくては　なりません。こんな　ふかい　海《うみ》の　そこでは、子どもの　そだちが　わるいのです。

　おとうさんがにが　いっしょだと　いいのですが、のんきもの　おとうさんがには、まだ、どろの　中で　のんびりして　いるのです。そのうちに、おいかけて　きて　くれるでしょう。

　㋑おかあさんがには、そろそろ、岩《いわ》かげから　はいだしました。くらい　海の　そこを　歩《ある》いて　歩いて。

（安藤美紀夫「たらばがにの春」『本は友だち3年生』〈偕成社〉より）

④「㋐足も　すくんで　しまいました」とは、どのような　ようすですか。一つ　えらんで、○で　かこみましょう。（15点）

ア　うごけなく　なる　ようす。
イ　走《はし》って　にげる　ようす。
ウ　どろに　もぐる　ようす。

⑤　おとうさんがには　この　とき、どこで　どう　して　いるのですか。一つ10点（20点）

（　　　　）で（　　　　）いる。

書く力
⑥「㋑おかあさんがには、そろそろ、岩かげから　はいだしました。」と　ありますが、このように　しずかに　はいだしたのは、どう　する　ためですか。（25点）

クイズ
おとうさんがには　どんな　せいかくかな？
①おこりっぽい　②のんき　③こわがり

答え ▶ 84ページ

ものがたり

# 22 人物《じんぶつ》の 行動《こうどう》の 理由《りゆう》を 読《よ》みとろう②

もくひょう 10分

月　日

とく点　　点

## つぎの 文章《ぶんしょう》を 読《よ》んで、もんだいに 答《こた》えましょう。【100点】

［たらばがにの おとうさんと おかあさんが 海《うみ》の そこを 歩《ある》いて います。］

しばらく 歩いた ときです。

「こら。なんだって、ぼくを ふんづけるんだ。びっくりするじゃ ないか。」

足の 下の すなが、ゆらりと うきあがりました。大きな おひょう*でした。

「びっくりしたのは、こっちだよ。おひょうが すなに ばけて いたなんて。」

二ひきの かには、顔《かお》を 見あわせて わらいました。

でも、おかあさんがには、もう そんなに のんきに わらっては いられませんでした。おなかの たまごたちが、きゅうに はげしく うごきだしたのです。

おかあさんがには、近《ちか》くの 岩《いわ》かげに うずくまると、しずかに 目を とじました。

*おひょう…かれいの なかまの 魚《さかな》。

① 「ぼく」とは、だれの ことですか。（10点）

（　　　　）

② 二ひきの かにが びっくりしたのは なぜですか。一つ えらんで、○で かこみましょう。（10点）

ア 足に かみつかれたから。

イ すなが うきあがったから。

ウ わらい声《ごえ》が したから。

③ おなかの たまごたちが はげしく うごきだした とき、おかあさんがには どう しましたか。一つ10点（20点）

・近くの （　　　　）に うずくまって、しずかに （　　　　）。

*もんだいは うらに つづきます。

　おとうさんがには、きけんな てきが いないかと、あたりを ひとまわりしました。

　やがて、おかあさんがにが、うれしそうに おとうさんがにを よびました。

「あなた、来《き》て みて。ほら。」

　おかあさんがにの まわりには、たまごから かえったばかりの、こまかい ちりのような 子どもたちが、それは たくさん、元気《げんき》に ぴょこぴょこ はねまわって いました。

「よかった、よかった。」

　おとうさんがには、そっと はさみを のばして、おかあさんがにの はさみと あくしゅしました。

「あの 子たちが、みんな りっぱに そだって くれれば いいんだけど。」

　おかあさんがには、あたりを はねまわる 子どもたちを 見ながら いいました。

（安藤美紀夫「たらばがにの春」『本は友だち3年生』〈偕成社〉より）

④ おかあさんがにが うれしそうに おとうさんがにを よんだのは なぜですか。（20点）

・子どもたちが

（　　　　　　　　）

⑤ たまごから かえったばかりの 子どもたちは どんな ようすでしたか。（10点）

ア 元気に およぎまわって いる ようす。

イ 元気に はさみを うごかして いる ようす。

ウ 元気に はねまわって いる ようす。

書く力

⑥ たまごから かえった ばかりの 子どもたちを 見て、おかあさんがには どんな 気もちに なりましたか。（30点）

・

と いう 気もち。

クイズ

おとうさんがには おかあさんがにと 何《なに》を したかな？

① あくしゅ　② ばんざい　③ ねがいごと

答え ▶ 84ページ

ものがたり

# 23 人物《じんぶつ》の かんけいの へんかを 読《よ》みとろう①

もくひょう 10分

月　日

とく点　　点

■ つぎの 文章《ぶんしょう》を 読《よ》んで、もんだいに 答《こた》えましょう。【100点】

〔りょうしの 吉助《よしすけ》おじさんと 「ぼく」は、次郎吉《じろきち》さんと きょう力して、片耳《かたみみ》の 大シカと よばれる シカを しとめようと おって いました。〕

次郎吉さんの ほうから 口ぶえの 音が また して きました。おじさんと、ぼくとは、次郎吉さんの いる 大岩《おおいわ》の ほうに 走《はし》って いきました。

㋐次郎吉さんは、なにか さけびながら、谷《たに》を 一つ へだてた むこうの みねを ゆびさして いました。

見ると、谷むこうの がけぶちの 上に、片耳の 大シカと シカの むれが おいつめられて、五頭《ごとう》の もう犬《けん》が、はげしい いきおいで ほえたてて いました。片耳の 大シカは、ぐっと 頭《あたま》を さげて、犬に むかって、その 大きな つのを ふりたてて いるようで ありました。

① おじさんと 「ぼく」が、大岩の ほうに 走って いったのは なぜですか。(10点)

・（　　　　）が 聞《き》こえて きたから。

② 「㋐次郎吉さんは、なにか さけびながら」と ありますが、なにを さけんで いると 考《かんが》えられますか。一つ えらんで、○で かこみましょう。(10点)

ア むこうに がけが あるぞ。
イ 片耳の 大シカが いたぞ。
ウ シカが 見つからないぞ。

③ おいつめられた 片耳の 大シカは、どう して いましたか。 一つ15点(30点)

・犬に むかって、（　　　　）を（　　　　）ようだった。

＊もんだいは うらに つづきます。

「また、おれたちを　だしぬいたな。けれど、犬に　かこまれた　いじょうは、もう　こっちの　ものだ」

おじさんは、㋑白い　はを　見せて、にこっと　しました。が、同時《どうじ》に、「ううう」と、うなって、その　わらいを　かみころしました。

大シカの　からだが、ひらりと　うごいたと　思《おも》うと、一頭《いっとう》の　犬が、その　つのに　ひっかけられて、谷《たに》ぞこ　ふかく、まりのように　なげこまれたのでした。

「くそっ、ぐずぐずしては　おられんぞ。さ、早く」

おじさんの　声《こえ》で、ぼくたちは、大シカの　いる　がけぶちまで　できるだけ　早く　いきつこうと、おねづたいに、すべったり　ころんだり　して　かけて　いきました。

（椋鳩十「片耳の大シカ」『椋鳩十動物童話集　第1巻』〈小峰書店〉より）

④「㋑白い　はを　見せて、にこっと　しました」と　ありますが、この　ときの　おじさんは、どんな　気もちだったと　考《かんが》えられますか。　一つ10点（20点）

・（　　　　）を　おいつめたので、（　　　　）気もち。

書く力

⑤おじさんと「ぼく」が、がけぶちに　早く　いきつこうと　あわてて　いたのは　なぜですか。（30点）

・ぐずぐずして　いると、

ぐずぐずして　いると、どう　なるのかな。

クイズ

片耳《かたみみ》の　大シカが　おいつめられたのは　どこだったかな？

①大岩《おおいわ》の　上　②谷ぞこの　下　③がけぶちの　上

答え▶84ページ

# 24 人物《じんぶつ》の かんけいの へんかを 読《よ》みとろう②

もくひょう 10分

月　日

とく点　　点

■ つぎの 文章《ぶんしょう》を 読《よ》んで、もんだいに 答《こた》えましょう。【100点】

〔ぼくたちは、はげしい 雨風《あめかぜ》に ぬれて、ほらあなに 入りました。そして、そこに いた シカの むれの 中で 休む ことで、さむさから いのちを まもりました。〕

目が さめて、ひやっと しました。三十頭《さんじっとう》ちかい シカの むれが、いっせいに 立ちあがって、大きな つのを ふりたてて いました。いったい、どう なる ことでしょうか。てっぽうは、きものと いっしょに、ほらあなの すみに なげて あります。ぶきの ない ぼくたちは、シカの むれが あの するどい つので むかって くれば、せっかく たすかった いのちも、また ここで すて なければ ならぬのです。が、㋐どう する ことも できません。で、うんを 天に まかせて、じっと よこに なって いました。

① 目が さめた ときに、ひやっと したのは なぜですか。　一つ15点(30点)

・いっせいに 立ちあがった 三十頭ちかくの（　　　）が、（　　　）いたから。

② ㋐「どう する ことも できません」と ありますが、それは なぜですか。一つ えらんで、〇で かこみましょう。(20点)

ア けがを して いて うごけなかったから。

イ てっぽうを ほらあなの すみに おいて いたから。

ウ こわくて ふるえが とまらなかったから。

＊もんだいは うらに つづきます。

しかし、シカたちは、べつに ぼくたちに 目も くれず、一れつに そろって、ほらあなの 外《そと》に 歩《ある》きだして いって しまいました。

　シカたちは、しずかに、がけを つたわって、谷間《たにま》に おりて いきます。しかも、その 先頭《せんとう》に たって いるのは、あの、片耳《かたみみ》の 大シカでは ありませんか。

「おお、あいつだ。あの 片耳だ」

　こう つぶやくと、次郎吉《じろきち》さんは、ほらあなの すみに なげて あった じゅうを とりあげて、すばやく かたに あてると、片耳の 大シカの 頭《あたま》の まん中に ねらいを つけました。ぼくは おもわず さけびました。

「あっ！ よしなよ、次郎吉さん。あの 片耳の 大シカの ために きょうは いのちが たすかったのじゃ ないですか」

㋑おじさんも にっこり うなずいて、かるく 次郎吉さんの かたを たたきました。

（椋鳩十「片耳の大シカ」『椋鳩十動物童話集第１巻』〈小峰書店〉より）

書く力

③ 片耳の 大シカを 見つけた とき、次郎吉さんは どう しましたか。（30点）

• じゅうを とりあげると、

次郎吉さんは じゅうで 何《なに》を する つもりかな。

④ 「㋑おじさんも にっこり うなずいて」と ありますが、この ときの おじさんの 気もちに 合《あ》う ものを 一つ えらんで、〇で かこみましょう。（20点）

ア 片耳の 大シカを おって 山を おりよう。

イ 片耳の 大シカを なんとか しとめよう。

ウ 片耳の 大シカを うつ のを やめよう。

クイズ

ほらあなの 外に 出た シカたちは どう したのかな？

① 谷間に おりた ② おそって きた ③ がけを のぼった

答え ▶ 84ページ

# 25 かくにんテスト③

■ つぎの 文章《ぶんしょう》を 読《よ》んで、もんだいに 答《こた》えましょう。【100点】

「わたし」と 荒木《あらき》くんは、たきつぼの 下の 川原《かわら》で、一ぴきの 子ぐまを 生けどりに しようと しました。しかし、たきの てっぺんに 母《はは》ぐまが あらわれました。母ぐまは、岩《いわ》も はりさけるような おそろしい ほえ声《ごえ》を 出しました。

母ぐまの からだが ちゅうに おどって、岩の 上から はなれました。母ぐまは、たきつぼを めがけて、とびこんだのでした。

ダダダ、ダダダーン！

大きな 音と ともに、ものすごい 水けむりが 立ちました。そして、くまの すがたは、いったん たきつぼの 中に、㋐すっかり しずんで しまいましたが、また うかびあがって きました。それから、およぐと いうよりも、水せい*に おしながされるようにして、きしに つきました。が、そこの 岩に 頭《あたま》を もたせたきり、うごかなく なって しまいました。

*水せい…水の いきおい。

① 母ぐまが たきつぼに とびこんだ とき、たきつぼは、どのように なりましたか。（15点）

② ㋐「すっかり しずんで」の「すっかり」を、同《おな》じ いみで、べつの 言《い》いかたに 書《か》き直《なお》しましょう。（15点）

・（　　　　）しずんで

③ 母ぐまが きしに ついた ときの ようすと して 合《あ》う ものを 一つ えらんで、○で かこみましょう。（10点）

ア すぐに 立ちあがった。

イ きしに あった 岩を 頭の 上に のせた。

ウ ぐったりして うごかなく なった。

*もんだいは うらに つづきます。

名前

もくひょう 15分

月　日

とく点　点

あんな　高《たか》い　ところから
とびこんだのでは、いくら　強《つよ》
い　くまでも、たすかりっこ
ありません。かわいそうに、し
んで　しまったに　ちがいない　あ
りません。わたしも　荒木《あらき》くん
も、むねの　つぶれる　思《おも》いで
した。ひと声《こえ》も　はっする　こ
とが　できませんでした。
㋑あたりは、しだいに　くらく
なって　いきます。が、わたし
たちは　立ちさりかねて、いつ
までも　いつまでも、見まもっ
て　いました。
　と、おお、母《はは》ぐまが　うごき
はじめたでは　ありませんか。
「しめた、やつめ、まだ　生き
て　いるで　ありまする。」
と、荒木くんは、その　とき、
ほんとうに　うれしそうに　言《い》っ
た　ものです。わたしは、もの
を　言えば　なみだが　ぽろぽ
ろ　こぼれそうな
ので、「うん、う
ん」と　言って
うなずいて　みせ
るだけでした。

（椋鳩十「月の輪ぐま」『椋鳩十動物童話集　第2巻』〈小峰書店〉より）

④ きしに　ついた　母ぐまの　ようすから、「わたし」と　荒木くんは、どのように　考《かんが》えて、どんな　気もちに　なりましたか。　一つ15点（30点）

・（　　　　　　）と　考えて、

（　　　　　　）に　なった。

⑤ 「㋑あたりは、しだいに　くらく　なって　いきます」と　いう　文から　わかる　ことを　一つ　えらんで、○で　かこみましょう。（10点）

ア　時間《じかん》が　たって　いる。

イ　場所《ばしょ》が　かわって　いる。

書く力

⑥ 母ぐまが　うごきはじめた　ようすを　見て、「わたし」と　荒木くんは、どんな　気もちに　なりましたか。（20点）

答え▶85ページ

せつめい文

26

# じじつと 理由《りゆう》を 正しく 読《よ》みとろう①

もくひょう 10分

月　日

とく点　　点

## つぎの 文章《ぶんしょう》を 読《よ》んで、もんだいに 答《こた》えましょう。【100点】

ライチョウは、北《きた》アルプスなど 三千メートルきゅうの 高《たか》い 山に すんで いる とくべつてんねんきねんぶつの 鳥《とり》です。高い 山では えさと なる 食《た》べものが 少《すく》なく、高《こう》山《ざん》しょくぶつの 花や 新《しん》めを 食べて くらして います。

母鳥《ははどり》は、六月ごろに たまごを うんで、たまごから かえった ひなを そだてます。そして、十月ごろに なると、ひなは 親鳥《おやどり》と 同《おな》じくらいの 大きさに せいちょうします。

高い 山に すむ ライチョウにも てきが います。空から おそって くる ワシや タカです。

① ライチョウが すんで いるのは、どこですか。（10点）

（　　　　）

② ライチョウが 食べるのは、どんな ものですか。（10点）

・（　　　　）の 花や 新め。

③ ライチョウが たまごを うむのは いつごろですか。一つ えらんで、○で かこみましょう。（10点）

ア 三月ごろ　イ 六月ごろ

ウ 十月ごろ

④ ライチョウには どんな てきが いますか。二つ 書《か》きましょう。一つ10点（20点）

（　　　　）（　　　　）

＊もんだいは うらに つづきます。

このため、ライチョウは、まわりの けしきに とけこんで 見つかりにくく する ために、羽《はね》の 色《いろ》を かえます。夏《なつ》は 岩場《いわば》の 色と もように そっくりな 茶色《ちゃいろ》の 羽ですが、冬《ふゆ》は 羽が まっ白に なり、雪《ゆき》の 上に いても 見つかりにくく なります。

春《はる》から 夏に かけてと 夏から 秋《あき》に かけては、雪の 間《あいだ》に 岩はだが まばらに 見える ころです。その ころ、ライチョウは、羽が ぬけかわって いく とちゅうなので、冬の 白い 羽と 茶色い 羽が うまく まざって、まわりの けしきに 合《あ》う 羽の 色に なります。

このように、ライチョウは、きせつの へんかに 合わせて 羽の 色を かえる ことで 見つかりにくく して、みを まもって いるのです。

⑤ きせつごとの ライチョウの 羽の 色を、ひょうに 書《か》き入れましょう。 一つ10点(30点)

| | 夏 | 冬 | 春・秋 |
|---|---|---|---|
| 羽の 色 | (1) | (2) | (3) |

書く力

⑥ ライチョウが きせつの へんかに 合わせて、羽の 色を かえるのは、何《なん》の ためですか。 (20点)

クイズ

ライチョウの 羽が ぬけかわるのは いつかな?

①春と秋 ②夏 ③冬

答え ▶ 85ページ

せつめい文

# 27 じじつと 理由《りゆう》を 正しく 読《よ》みとろう②

もくひょう 10分

月　日

とく点　　点

## つぎの 文章《ぶんしょう》を 読《よ》んで、もんだいに 答《こた》えましょう。【100点】

サンゴは、石のように かたくて、とても 生きものとは 思《おも》えませんが、じつは、小さな イソギンチャクのような どうぶつが あつまって 生活《せいかつ》して いるのです。その 一つ一つを、サンゴ虫《ちゅう》と いいます。サンゴ虫は、うごきまわる ことは できません。あたたかくて、なみの しずかな 海《うみ》で、明《あか》るい 水《すい》めんに むかって えだを のばして せいちょうします。その えだに かくれるように して、多《おお》くの 魚《さかな》たちが くらして います。

　じつは、その サンゴ虫には、こわい てきが います。大きさが 五十センチメートルも ある、オニヒトデです。海《かい》がんで 見られる イトマキヒトデや ヤツデヒトデなどと ちがって、長《なが》さが 五センチも ある とげが 生えて います。

① サンゴとは、どのような 生きものですか。（10点）

・サンゴ虫と いう 小さな （　　　　） が あつまって 生活して いる 生きもの。

② サンゴ虫は どのような 海に いますか。一つ10点（20点）

・（　　　　）て、（　　　　）海。

③ サンゴ虫に とって、こわい てきとは 何《なん》ですか。一つ えらんで、○で かこみましょう。（10点）

ア イトマキヒトデ

イ ヤツデヒトデ

ウ オニヒトデ

＊もんだいは うらに つづきます。

とげには　どくが　あるので、オニヒトデを　食《た》べようと　する　魚《さかな》は　いません。ふつうの　ヒトデの　うでは　五本なのですが、オニヒトデの　うでは　十五本くらい　あります。

　サンゴの　上に　のった　オニヒトデは、口から　自分《じぶん》の　いを　出し、サンゴ虫《ちゅう》を　とかして　食べて　しまいます。オニヒトデは　強《つよ》い　はを　もって　いないので、石のような　サンゴを　かじる　ことは　できません。その　かわり、口から　いを　出すなんて……、すごい　アイディアです。

　サンゴ虫は　にげる　ことが　できないので、オニヒトデに　ねらわれたら、どう　しようも　ありません。

　オニヒトデに　食べられて　しまった　サンゴは、色《いろ》が　白く　なって　しまいます。

（武田正倫「サンゴとカニ」『話のびっくり箱　2年下』〈学習研究社〉より）

書く力

④ 魚が　オニヒトデを　食べようと　しないのは　なぜですか。（25点）

理《り》由《ゆう》を　聞《き》かれた　ときは、「～から。」の　かたちで　答《こた》えよう。

⑤ オニヒトデは、どのようにして　サンゴ虫を　食べるのですか。一つ　えらんで、○でかこみましょう。（10点）

ア　口から　いを　出して、サンゴ虫を　とかす。

イ　強い　はで、サンゴ虫を　かじる。

⑥ オニヒトデに　食べられた　サンゴは　どう　なりますか。（25点）

クイズ

オニヒトデの　うでは　何本《なんぼん》くらい　あるのかな？

① 五本　② 十五本　③ 二十本

答え ▶ 85ページ

せつめい文

# 28 じじつと 理由《りゆう》を 正しく 読《よ》みとろう③

もくひょう 10分

月　日

とく点　　点

**つぎの 文章《ぶんしょう》を 読《よ》んで、もんだいに 答《こた》えましょう。**【100点】

オニヒトデに 食《た》べられて しまう サンゴと、食べられない サンゴが あります。食べられない サンゴを しらべて みると、えだの あいだに、サンゴガニが すんで いました。サンゴガニの ことは、むかしから 知《し》られて いました。サンゴガニには たくさんの しゅるいが いますが、大きさは どれも、こうらの はばが 一～二センチメートルです。アカテガニや サワガニなど、よく 知られて いる カニと ちがって、こうらが ひらべったくて、ツルツルして います。はさみは 大きくて、かみそりの はのように、切《き》れあじが よさそうです。

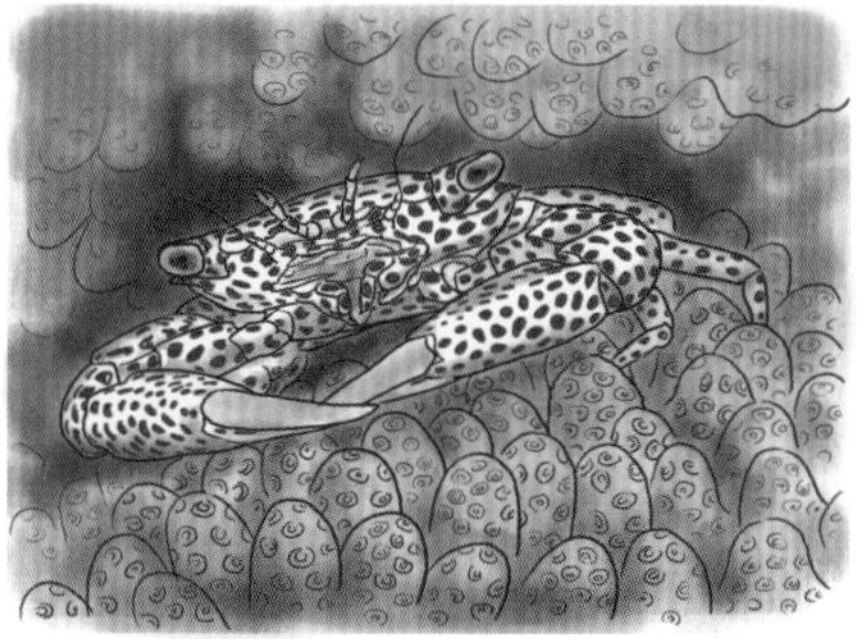

① オニヒトデに 食べられて しまう サンゴと、食べられない サンゴでは、どのような ことが ちがって いましたか。（10点）

・オニヒトデに 食べられない サンゴの えだには、

（　　　　　　　　）いた こと。

② サンゴガニに ついて、ひょうに ことばを 書《か》き入れましょう。 一つ10点（30点）

| 大きさ | こうら | (3) |
|---|---|---|
| (1) | (2) | 大きくて、切れあじが よさそう。 |

＊もんだいは うらに つづきます。

サンゴガニは、生きて いる サンゴの えだの あいだだけに います。石の 下や 岩《いわ》の くぼみなどに すんで いる ことは、ありません。

（中《ちゅう》りゃく）

オニヒトデが サンゴの えだの 上に くると、サンゴガニは 下から オニヒトデの きゅうばんのような 足を 切《き》る ことが わかりました。さすがの オニヒトデも にげて しまいます。サンゴガニの、大きくて よく 切れる はさみは、この ためだったのです。

もちろん、サンゴガニは サンゴ虫《ちゅう》を まもる ため……、と 考《かんが》えたのでは なく、自分《じぶん》の すみかが うばわれないように、オニヒトデを おいはらったのでしょう。

（武田正倫「サンゴとカニ」『話のびっくり箱 2年下』〈学習研究社〉より）

③ サンゴガニが いるのは どこですか。（15点）

④ オニヒトデが にげて しまうのは なぜですか。一つ えらんで、○で かこみましょう。（15点）

ア サンゴ虫に 足を かみつかれるから。

イ サンゴガニに 足を 切られるから。

ウ 石や 岩に 足が はさまって しまうから。

書く力

⑤ サンゴガニが、オニヒトデを おいはらったのは、何《なん》の ためですか。（30点）

クイズ

サンゴガニの はさみは 何《なに》と にて いたかな？

①かみそりの は ②のこぎりの は ③にんげんの は

答え ▶ 85ページ

29

せつめい文

# 主語《しゅご》を　とらえながら　読《よ》みとろう

もくひょう 10分

月　日

とく点　　点

■ つぎの　文章《ぶんしょう》を　読《よ》んで、もんだいに　答《こた》えましょう。【100点】

アキアカネは　四センチメートルほどの　赤い　体《からだ》を　した　とんぼです。秋《あき》に、田んぼなどで、とんで　いる　すがたが　見られます。アキアカネは、どこで　生まれ、どのように　大きく　なるのでしょう。

秋に　アキアカネは　田んぼや　池《いけ》などに　たまごを　うみます。春《はる》に　なると　たまごから　一ミリメートルほどの　よう虫《ちゅう》が　かえります。とんぼの　よう虫は　「やご」と　よばれます。

やごは　水の　中に　すむ　小さな　虫などを　つかまえて　食《た》べます。やごの　体は　外《そと》がわが　かたい　かわで　つつまれて　いて、体が　そだって　大きく　なる　たびに、かわを　ぬぎます。三か月ほどが　たつ　ころ、よう虫の　大きさは　二センチメートルほどに　なります。

① アキアカネは、いつ、どこに、たまごを　うみますか。一つ10点(20点)

| いつ | どこ |
|---|---|
| (1) | (2) |

② とんぼの　よう虫は、何《なん》と　よばれて　いますか。(10点)

(　　　　)

③ とんぼの　よう虫は、何《なに》を　食べて　そだつのですか。一つ　えらんで、〇で　かこみましょう。(10点)

ア　たまごの　から。

イ　水の　中の　小さな　虫。

ウ　田んぼの　いね。

＊もんだいは　うらに　つづきます。

夏《なつ》の　はじめ、大きく　なった　やごは　水の　中から　出て、いねや　草などに　よじのぼります。すると、せなかが　われて　中から　せい虫《ちゅう》が　出て　きます。その　日は、一日中　じっと　して　羽《はね》を　かわかします。つぎの　日、羽が　かわくと　とんで　いきます。

　夏の　あいだ、アキアカネは　高《たか》い　山の　上で　すごします。この　とき、オスも　メスも　だいだい色《いろ》の　体《からだ》を　して　います。そこで　たくさんの　虫を　つかまえて　食《た》べます。

　秋《あき》に　なると、高い　山から　じぶんが　うまれた　田んぼや　池《いけ》に　もどって　きます。この　とき　めすは　だいだい色、おすは　まっ赤《か》な　体を　して　います。水べを　見つけると、おすと　めすが　つらなって、水の　中に　たまごを　うみます。

（文・写真　伊藤年一）

④ やごが　とぶように　なる　までの　じゅんに　なるように、（　）に　番号《ばんごう》を　書《か》きましょう。　一つ4点（20点）

ア（　）いねや　草に　よじのぼる。
イ（　）羽を　かわかす。
ウ（　）せなかが　われる。
エ（　）せい虫が　出て　くる。
オ（　）水の　中から　出る。

⑤ 夏の　あいだ、アキアカネは　どこで　すごして　いますか。（10点）

（　　）

書く力

⑥ 秋に　なると、アキアカネの　めすと　おすの　体は　どんな　色に　なりますか。（30点）

クイズ

秋に　なると　アキアカネは　どこに　かえって　くるのかな？

①山の　上　②水の　中　③田んぼや　池

答え ▶ 86ページ

せつめい文

# 30 中心《ちゅうしん》と なる ことばを とらえながら 読《よ》みとろう

もくひょう 10分

月　日

とく点　点

■ つぎの 文章《ぶんしょう》を 読《よ》んで、もんだいに 答《こた》えましょう。【100点】

小むぎは せかい中で、たくさんの 人に 食《た》べられて います。わたしたちも 小むぎを つかった ものを、よく 食べて います。

小むぎは、そのまま 食べるのでは なく、みを 細《こま》かく つぶして、小むぎこと いう こなに して つかいます。そして、それを いろいろな くふうを した りょう理《り》に して 食べる ことが ほとんどです。

一つは、ゆでて 食べる くふうが あります。小むぎこに 水を まぜながら こね、ひらたく のばします。それを 細く 切《き》り、ゆでると うどんに なります。

二つめは、むして 食べる くふうです。小むぎこに 水や さとうなどを まぜて、あんこを つつんで むすと まんじゅうに なります。

① せかい中で、たくさんの 人に 食《た》べられて いる ものは 何《なん》ですか。（10点）

（　　　　）

② 小むぎこは、小むぎを どのように した ものですか。（10点）

・（　　　　）、（　　　　）こなに した もの。

③ 「いろいろな くふうを した りょう理」に ついて、ひょうに ことばを 書《か》き入れましょう。一つ10点（20点）

| 食べもの | くふう |
|---|---|
| うどん | (1) |
| まんじゅう | (2) |

＊もんだいは うらに つづきます。

さらに、こう母《ぼ》と いう 目には 見えない 小さな 生きものの はたらきを つかう くふうも あります。パンです。小むぎこに 水、こう母、しお、さとうなどを 入れて こねたら、あたたかい ところに しばらく おきます。すると、こう母が 水や さとうと むすびついて、ガスを 出し ふくらみます。これを やくと パンに なります。こう母の はたらきで ふくらむ ことに よって、ふわふわの パンが できるのです。

（ピクスタ）

ほかにも、ラーメンや パスタ、おこのみやき、ぎょうざの かわ、ピザ、ケーキなど いろいろな ものに、小むぎこが つかわれて います。

このように 小むぎは いろいろな くふうを して、食《た》べられて います。

④ パンは、小むぎこに どの ような くふうを した ものですか。 一つ10点（20点）

・（　　　　）と いう 目には 見えない（　　　　）の はたらきを つかう くふう。

書く力 ⑤ こう母は、何《なに》と むすびついて、どう なりますか。（30点）

⑥ つぎの うち、小むぎこが つかわれて いる ものを 一つ えらんで、○で かこみましょう。（10点）

ア たまごやき
イ おにぎり
ウ ぎょうざ

クイズ

小むぎこ、水、こう母、さとうを まぜた ものを どこに おくと ふくらむのかな？

① あたたかい ところ　② さむい ところ　③ かわいた ところ

答え ▶ 86ページ

31

せつめい文

# てじゅんを 読《よ》みとろう

もくひょう 10分

月　日

とく点　　点

つぎの 文章《ぶんしょう》を 読《よ》んで、もんだいに 答《こた》えましょう。【100点】

「おき上がりこぼし」の 作《つく》り方《かた》

〈つかう 道具《どうぐ》〉

えんぴつ、はさみ、クレヨン、セロハンテープ

〈よういする ざいりょう〉

空《あ》きかん、画用紙《がようし》、ねん土

〈作り方〉

［1］、えんぴつで、空きかんの そこの 形《かたち》を 画用紙に うつして、切《き》りぬきます。

［2］、切りぬいた 画用紙に、すきな 絵《え》を かきます。

それから、ねん土を、空きかんの 内《うち》がわの 一かしょに つけます。

［3］、絵を かいた 画用紙を、セロハンテープで 空きかんに はりつけます。このとき、空きかんの ねん土を つけた 方《ほう》と、絵の 下の 方を 合《あ》わせます。

① 何《なん》と いう おもちゃの 作り方を せつめいして いますか。（10点）

（　　　）

② ねん土は、どこに 何かしょ つけますか。（15点）

（　　　）

③ ［1］～［3］に 入る ことばを あとの ［　］から えらんで、記号《きごう》を 書《か》きましょう。 一つ10点（30点）

1（　　）　2（　　）　3（　　）

ア つぎに　イ さいごに　ウ はじめに

＊もんだいは うらに つづきます。

## 〈あそび方《かた》〉

　かんせいした　おき上がりこぼしを、つくえや　台《だい》の　上などの　たいらな　ところに　おきます。そして、おき上がりこぼしの　よこを　手で　おしてみましょう。おき上がりこぼしは　ころころと　ころがっていかずに、元《もと》に　もどって　きます。ころがしても　ころがしても、すぐに　元に　もどります。

　このように、おき上がりこぼしは　ころがしても、すぐに　元に　もどる　ふしぎな　おもちゃなのです。

④ おき上がりこぼしは、どこに　おいて　あそぶ　おもちゃですか。（15点）

⑤ おき上がりこぼしの　よこを　手で　おすと、どう　なりますか。一つ　えらんで、○で　かこみましょう。（10点）

ア　ころころと　ころがって　いく。

イ　たおれた　まま　おき上がって　こない。

ウ　ころがって　いかずに、元に　もどる。

書く力

⑥ おき上がりこぼしは、どんな　おもちゃですか。（20点）

クイズ

「おき上がりこぼし」を　作《つく》る　とき、どこに　絵《え》を　かくのかな？

①画用紙《がようし》　②ねん土　③空《あ》きかん

答え ▶ 86ページ

せつめい文

# 32 やり方・あそび方を 読《よ》みとろう

もくひょう 10分

月　日

とく点　点

■ つぎの 文章《ぶんしょう》を 読《よ》んで、もんだいに 答《こた》えましょう。【100点】

　ドッジボールを した ことは ありますか。ドッジボールは、二つの チームに 分《わ》かれて ボールを なげ、あい手の 体《からだ》に あてる ゲームです。ドッジボールには、いろいろな あそび方《かた》が あります。

　ドッジボールは 絵《え》のような 四かくい コートを つかいます。コートの 外《そと》を 外野《がいや》、中を 内野《ないや》と よび、あい手の 内野に いる 人に ボールを あてます。頭《あたま》に あてては いけません。

　内野の 人は ボールを よく 見て、あたらないように よけます。外野の 人は あい手の せ中を ねらうなど、よけられないように くふうを します。

① ドッジボールとは、どんな ゲームですか。一つ10点（20点）

（　　　　）に 分かれて ボールを なげ、（　　　　）に あてる ゲーム。

② ドッジボールで、しては いけないのは どんな ことですか。一つ えらんで、○で かこみましょう。（10点）

ア 頭を ねらう こと。

イ 外野から なげる こと。

ウ ボールを うける こと。

③ 内野の 人は あたらない ように どうしますか。（20点）

＊もんだいは うらに つづきます。

あそび方《かた》の くふうの 一つに、ボールを ころがして あてる やり方も あります。そうすると、なげるのが にが手な 人でも ボールを あてる ことが できます。ボールが 足元《あしもと》に くるので 内野《ないや》の 人は よけにくく なります。

また、コートの 中に 円い 線《せん》を 引《ひ》き、「しま」を 作《つく》る あそび方も あります。その しまに あい手チームの 人が 入り、コートの 外《そと》と 中の りょう方《ほう》から、ボールを あてます。

ほかにも、ボールを 一つでは なく 二つに ふやすなど、いろいろな あそび方が あります。

書く力

④ 「ボールを ころがして あてる やり方」を すると、だれが どんな ことを できる ように なるのですか。（30点）

⑤ 文章《ぶんしょう》で せつめいして いる ドッジボールの あそび方の くふうを 二つ えらんで、○で かこみましょう。 一つ10点（20点）

ア コートを 二つ つかう こと。

イ すわって ボールを なげる こと。

ウ 線を 引いて、しまを 作る こと。

エ ボールを 二つに ふやす こと。

オ 内野の 人が よけない ように する こと。

クイズ

ボールを ころがす あそび方を すると、内野の 人は どう なるかな？

① 見えにくく なる ② なげにくく なる ③ よけにくく なる

答え ▶ 86ページ

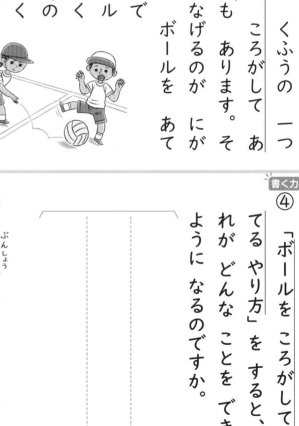

# 33 かくにんテスト④

名前

もくひょう 15分

月　日

とく点　　点

■つぎの 文章《ぶんしょう》を 読《よ》んで、もんだいに 答《こた》えましょう。【100点】

しょくぶつの 中には、虫を とらえて、えいよう分《ぶん》の たしに する ものが あります。このような しょくぶつを 「食《しょく》虫《ちゅう》しょくぶつ」と いいます。

　ハエトリソウには、まん中で おりたためる はが ついて います。

　はの 内《うち》がわには、小さな はりが あります。虫が この はりに さわっても、一回《いっかい》だけなら 何《なに》も おこりません。でも、二回 はりに さわると、はが とじます。

　二回めに さわる ときは、虫の 体《からだ》ぜんたいが はの 中に 入りこんで いるので、虫を かくじつに つかまえる ことが できるのです。はの まわりには とげが 生えて いるので、虫は にげる ことが できません。

① 「食虫しょくぶつ」とは、どんな しょくぶつですか。 一つ10点(20点)

・（　　　　）を とらえて、（　　　　）の たしに する しょくぶつ。

② ハエトリソウが 虫を とらえる じゅんに なるように、（　）に 番号《ばんごう》を 書《か》きましょう。 一つ6点(30点)

ア（　）何も おこらない。

イ（　）はを とじる。

ウ（　）虫が はりに 一回 さわる。

エ（　）虫が にげられなく なる。

オ（　）虫が はりに もう 一回 さわる。

＊もんだいは うらに つづきます。

にげる　ことが　できなく
なった、はの　中の　虫を　しょうかえきで　とかして　きゅうしゅうし、えいよう分《ぶん》と　するのです。

ウツボカズラは、つぼのような　形《かたち》の　ふくろを　もって　います。上に　あいた　ふくろの　口の　まわりは　つるつるして　いるので、虫は　足を　すべらせて　おちて　しまいます。中には　しょうかえきが　あり、虫は　とかされて　しまいます。まるで　おとしあなのようです。

（ピクスタ）

タヌキモは、池《いけ》や　ぬまなどに　ういて　います。春《はる》に　なると、はを　のばしはじめ、やがて　はに　たくさんの　ふくろを　つけます。この　ふくろに、水中に　いる　とても　小さな　生きものを　すいこんで、とらえるのです。

このように、食虫《しょくちゅう》しょくぶつは、いろいろな　やり方《かた》で　虫を　とらえて　います。

③　ウツボカズラは、どんな　形の　ふくろを　もって　いますか。（10点）

（　　　　）形の　ふくろ。

④　虫が　ウツボカズラの　ふくろの　中に　おちて　しまうのは、なぜですか。一つ　えらんで、〇で　かこみましょう。（10点）

ア　ふくろの　口に　おとしあなが　あるから。

イ　ふくろの　口の　まわりが、つるつるして　いるから。

ウ　ふくろが　すいこんで　くるから。

書く力

⑤　タヌキモは、どこに、何《なに》を　とらえるのですか。（30点）

答え ▶ 87ページ

# 34 まとめテスト①

名前

もくひょう 15分

月　日

とく点　　点

■ つぎの 文章《ぶんしょう》を 読《よ》んで、もんだいに 答《こた》えましょう。【100点】

〔ねこと うめの 木を たいせつに して いた じいさんが なくなって、何日《なんにち》か たった 日の ことです。〕

わらう うめの 木から、花びらが はらはら こぼれました。

「あっ、花。……いつのまに さいたの？ 気が つかなかった」

こぼれおちる 花びらを、ひょいひょいと、前《まえ》の 足で つまもうと しながら、ねこは うめの 木を 見上げます。

「だいぶ まえさ。ぼくの ところに 春《はる》が 来《き》たんだ。きみは じいさんの そばに いて いそがしかったから、気が つかなかったのだね」

「ふう。いい においだ。……そうか、いつのまにか 春が 来たのか。……そうか そうか」

ねこは、花びらの ほうに 首《くび》を のばし、ひげを ふるわせました。

① この ものがたりは、いつ ごろの ことですか。 一つ10点(20点)

・（　　　）が 来て、（　　　）に 花が さいた ころ。

② ねこが 花の さいて いる ことに 気が つかなかったのは、なぜですか。 (20点)

（　　　　　　　　　　）

③ 花を 見て いる ねこの ようすを 二つ えらんで、〇で かこみましょう。 一つ10点(20点)

ア 首を まげて いる。

イ 首を のばして いる。

ウ ひげを ふるわせて いる。

エ ひげを のばして いる。

＊もんだいは うらに つづきます。

（中《ちゅう》りゃく）

「……うめの　花は　春《はる》の　はじまり、うめの　においは　春の　におい、って、じいさん、いってたね」

「花が　さくと、きまって　しゃ*せいするんだよね」

「はっはっは。ぼうに　点々《てんてん》、みたいな　絵《え》だったな」

「はっはっは。でも、かきおわると、けっさく　けっさく、と　じまんして　いたな」

「ことしの　春を、見せたかったね」

「来年《らいねん》も　さ来年も、見せたかったね」

ねこは、魚《さかな》の　においの　する　じいさんの　ズボンに、あたまを　こすりつけた　日々《ひび》の　ことを　思《おも》いました。

うめの　木も、手ぬぐいを　こしに　ぶらさげ、うでぐみして　見上げる　じいさんの、まるい　めがねを　思いうかべました。そして、ねこと　うめの　木は、ちょっと、だまりこみました。

＊しゃせい…目の前《まえ》の　ものを、ありのまま　かく　こと。

（工藤直子「ねむるうめ・ねこ」『おいで、もんしろ蝶』〈理論社〉より）

④ じいさんの　かいた　うめの　木は　どんな　絵でしたか。（10点）

・（　　　　　　）絵。

⑤ ――線《せん》の　ときの　ねこと　うめの　木は、どんな　気もちでしたか。一つ　えらんで、○で　かこみましょう。（10点）

ア　じいさんの　子どもが　やさしいと　いいな。

イ　じいさんに　もっと　生きて　いて　ほしかったな。

ウ　来年も　きれいな　花が　さくと　いいな。

書く力

⑥ ねこと　うめの　木は、だまりこんで、何《なに》を　して　いるのですか。（20点）

（　　　　　　）

答え ▶ 87ページ

# 35 まとめテスト②

名前

もくひょう 15分

月　日

とく点　　点

## つぎの 文章《ぶんしょう》を 読《よ》んで、もんだいに 答《こた》えましょう。【100点】

　南《なん》きょくたいりくは 一年中 こおりに おおわれて いて、冬《ふゆ》には 気おんが、マイナス二十どくらいに なります。ここで くらす どうぶつは、ほかには アザラシくらいしか いません。

　どうして ペンギンは、こんなに さむい ところで 生きられるのか、その ひみつを 見て みましょう。

　みなさんは 羽毛《うもう》ぶとんを つかった ことが ありますか。羽毛の 入った ふとんは、ふわふわして 冬の さむい 日でも あたたかですね。

　ペンギンの からだには、みじかくて やわらかい 羽毛が、びっしりと 生えて います。

① 南きょくたいりくとは、どんな ところですか。（10点）

・一年中（　　　　）に おおわれて いる ところ。

② どのような ことに ついて、せつめいして いますか。一つ10点（20点）

・（　　　　）が さむい ところで 生きられる（　　　　）に ついて。

③ ペンギンの からだには、何《なに》が 生えて いますか。一つ えらんで、○で かこみましょう。（15点）

ア みじかくて かたい 羽毛。

イ 長《なが》くて ふわふわした 羽毛。

ウ みじかくて やわらかい 羽毛。

＊もんだいは うらに つづきます。

この　ふわっと　した　羽毛《うもう》の　すき間《ま》には、体《たい》おんで　あたたまった　空気が　たまって、外《そと》の　つめたい　空気は　入れません。それで　からだは　あたたかいのです。

この　やわらかい　羽毛の　上は、かたい　羽《はね》が　しっかりと　おおって　いて、つめたい　水が　しみこむ　ことを　ふせいで　くれます。

それで、ペンギンは　南《なん》きょくの　つめたい　海《うみ》の　中を　へいきで　およぐ　ことが　できるのです。

さらに　ペンギンの　ずんぐりと　した　からだにも　ひみつが　あります。ペンギンは　ひふの　下に　ぶあつい　しぼうを　たくわえて　いるのです。

その　しぼうが、からだの　中の　ねつが　にげるのを　ふせぐので、いつも　体おんを　三十八どくらいに　たもつ　ことが　できます。

（「生き物のお話」『なぜ？どうして？科学のお話2年生』〈学研プラス〉より）

書く力

④　さむい　ところでも、ペンギンの　からだが　あたたかいのは、なぜですか。（20点）

・羽毛の　すき間には、

⑤　ペンギンが　つめたい　海の　中でも、へいきで　およぐ　ことが　できるのは、なぜですか。一つ　えらんで、〇で　かこみましょう。（15点）

ア　羽毛の　上を　かたい　羽が　おおって　いるから。

イ　ぶあつい　しぼうが　つめたい　水を　はじくから。

ウ　ペンギンは　さむさを　かんじないから。

⑥　ペンギンの　ひふの　下に　ある　ぶあつい　しぼうは、どんな　ことを　ふせいで　いますか。（20点）

答え ▶ 87ページ

# 36 まとめテスト③

■ つぎの 文章《ぶんしょう》を 読《よ》んで、もんだいに 答《こた》えましょう。【100点】

〔高《たか》い 山が あって、半日村《はんにちむら》には 日が 半日しか あたらない。この 村で くらす 子どもの 一平《いっぺい》は 山の 土を みずうみへと はこんで いた。〕

子どもたちは、一平が へんな ことを して いるので、どうした どうした、なにしてると、きいて みた。

「うん、おらは、あの 山を みずうみに うめちまおうと おもってるんだ」

と、一平が こたえると、みんなは、一平の やろう、ばっかじゃなかろか、気が* ちがった んじゃなかろかと 大わらいした。

でも 一平は、また、ふくろを かついで 山に のぼった。てっぺんに つくと、てっぺんの 土を ふくろに つめて おりて きた。

おりて くると、そいつを 前《まえ》の みずうみに ざあっと あけた。あけおわると また 山へ のぼって……。

*気が ちがった。…へんに なった。

① 子どもたちに 「なにしてる」と きかれて、一平は どう こたえましたか。（10点）

・（　　　　）に うめちまおうと して いる。

② 大わらいした ときの 子どもたちの 気もちを 一つ えらんで、〇で かこみましょう。（10点）

ア おもしろそうだな。
イ ふしぎだな。
ウ ばかばかしいな。

③ 一平が した ことの じゅんに、番号《ばんごう》を 書《か》きましょう。 一つ5点（20点）

ア（　）土を みずうみに あける。
イ（　）山の てっぺんに つく。
ウ（　）山から おりる。
エ（　）ふくろに 土を つめる。

*もんだいは うらに つづきます。

名前

もくひょう 15分

月　日

とく点　点

毎日《まいにち》、毎日、一平《いっぺい》が　やすまず、そう　する　もんだから、子どもたちも　なんだか　おもしろそうな　気が　して　きて、ひとり、ふたり、まねする　やつが　でて　きた。三人　四人、まねする　やつも　でて　きた。

　そう　なると、なかまはずれに　なりたく　ないから　村じゅうの　子どもたちが　一れつに　なって、ふくろを　かついで　山に　のぼりはじめた。

　㋐これを　見て、おとなたちは　はじめは　わらって　いた。

「山が　うごかせる　もんじゃねえ。みずうみを　うめられる　もんじゃねえ」

けれど　そのうち、

㋑「ばっかだな。ふくろなんかじゃ＊はかが　いかねえ。そういう　ときは、もっこを　つかう　もんだ。おれの　うちから　もって　いけ」

なんて　いいだす　おとなが　でて　きた。

＊はかが　いかない。…さぎょうが　すすまない。

もっこ

（斎藤隆介「半日村」『日本の名作童話5　モチモチの木』〈岩崎書店〉より）

④ 一平の　まねを　する　子どもが　でて　きたのは　なぜですか。（20点）

・一平が　やすまずに　つづけて　いる　ことで、

書く力

⑤ 「㋐これ」とは、どんな　ようすを　さして　いますか。（30点）

⑥ ――線《せん》㋑のように　いいだした　ときの　おとなの　気もちを　一つ　えらんで、○で　かこみましょう。（10点）

ア　おうえんして　いる。

イ　ばかに　して　いる。

ウ　おこって　いる。

答え ▶ 88ページ

# 37 まとめテスト④

名前

もくひょう 15分

月　日

とく点　　点

■ つぎの 文章《ぶんしょう》を 読《よ》んで、もんだいに 答《こた》えましょう。【100点】

　しゃくとり虫は、歩《ある》く ときは、ゆびを 広《ひろ》げて 長《なが》さを はかるような 歩き方《かた》を して、よく 目立ちます。しかし、きけんが せまると、木の えだ先に 体《からだ》を ピンと のばして とまります。まるで 木の えだの いちぶに なったように 見つかりにくく なります。
　また、同《おな》じように 木の えだに すがたを にせて いる こん虫《ちゅう》に ナナフシが います。木の えだの しげみの 中で、じっと して いる ときは、どこに いるのか わかりません。前足《まえあし》 二本を ぴたっと つけて 前に のばし、木の えだに ばけるのです。

（伊藤年一）

① しゃくとり虫は、どのような 歩き方を しますか。（10点）

・ゆびを 広げて
（　　　　　　）
ような 歩き方。

② しゃくとり虫は、きけんが せまると、どのように しますか。（20点）

［　　　　　　］

③ しゃくとり虫が 見つかりにくく なるのは、なぜですか。一つ えらんで、○で かこみましょう。（10点）

ア 木の えだに なって しまうから。

イ 木の えだのように なって しまうから。

＊もんだいは うらに つづきます。

えだだけで なく、しょくぶつの いろいろな ところに すがたを にせて、てきに 見つからないように する 生きものは、たくさん います。

はにに そっくりな すがたを して いるのは、東南《とうなん》アジアに いる コノハムシです。はに ある きずや 虫に かじられたような 形《かたち》まで にせて います。はに ある すじ（ようみゃく）まで ちゃんと そなわって いるのです。また、やはり 東南アジアの キリギリスの なかまの コノハギスも はに そっくりです。

かれはに にせて いる 生きものも たくさん います。日本の コノハチョウ、カレハガなどは、かれはに そっくりで、うごかない かぎり わかりません。

このように、生きものが しょくぶつの いちぶに にせて、てきの 目を ごまかす ことを「カムフラージュ（ぎたい）」と いいます。

④ しょくぶつの いろいろな ぶぶんに なりすまして いる、こん虫の 名前《なまえ》を ひょうに 書《か》き入れましょう。 一つ10点(40点)

| ぶぶん | こん虫の 名前 |
|---|---|
| えだ | しゃくとり虫・ナナフシ |
| は | ㋐ |
| は | ㋑ |
| かれは | ㋒ |
| かれは | ㋓ |

書く力

⑤「カムフラージュ」とは、何《なに》が どう する ことですか。(20点)

答え ▶ 88ページ

# 答えとアドバイス

**おうちの方へ**

▼まちがえた問題は、もう一度やり直しましょう。
▼アドバイスを読んで、参考にしてください。

## 1 だれが どう したを 読みとろう① 5〜6ページ

①（小さな）こども・女の たび人
②イ
③ふね・まん中
④イ
⑤**れい** こどもたちに あめだまを あげる ため。

**クイズ** ②

**アドバイス**
■②「おオい、ちょっと まって くれ。」と言ったのが誰かを読み取らせましょう。
④6ページの三行目の「ので」に着目して、この前の部分からこどもたちが笑った理由を読み取らせましょう。
⑤こどもたちがあめ玉を「ちょうだい」と催促していることをとらえさせましょう。

## 2 だれが どう したを 読みとろう② 7〜8ページ

①あめだま
②**れい** こどもたちが おかあさんに せがむ
（こどもたちが だだを こねて いる）
③ウ
④**れい** こどもたちを きりころすと 思ったから。
⑤**れい** 二つに わった。
**れい** ふたりの こどもに わけて やった。

**クイズ** ①

**アドバイス**
■②目をあけた後のさむらいの様子を読み取らせましょう。
⑤「あめだまを だせ。」と言った後のさむらいの行動をつかむことが大切です。さむらいの行動を順番に読み取らせましょう。

## 3 いつ どこで だれが どう したを 読みとろう① 9〜10ページ

①三時ごろ
②（森の）くるみの 木の 上。
③イ
④ウ
⑤わすれんぼう
⑥**れい** くるみを どっさり 食べる こと（が できるように なる）。

**クイズ** ③

**アドバイス**
■③「はっぱの あいだを 見あげました」に着目させて、この後の部分から、見たものを読み取らせましょう。
⑥会話文のうち、くるみのおじさんの会話文から読み取らせましょう。

## 4 いつ どこで だれが どう したを 読みとろう② 11〜12ページ

①ウ
②**れい** （ふわりと）じめんに とびおりた。
③かわいい・くるみの め
④ア
⑤(1) **れい** （くるみを）じめんに うめて あげる。
(2) **れい** （りすに）くるみを どっさり あげる。

**クイズ** ①

**アドバイス**
■②会話の後の、さんたの行動に注目させましょう。
⑤りすのさんたが、くるみを地面に埋めたおかげでくるみの芽が出たことと、くるみがそのお返しとして、さんたのひいひいひいひいまごにくるみをどっさりあげると言っていることをおさえさせましょう。

## 5 人物の 気もちを 読みとろう① 13〜14ページ

■

①（まっ黒）こねこ

②れい ひえこんで きて、こごえそうだったから。
（さむくなって こごえそうだったから。）

③ア

④イ

⑤れい （黄色い） はっぱが いきなり ふって きたので おどろいて いる（気もち）。

クイズ ③

アドバイス

■ ②いちょうの木の会話文や様子に注目して、理由を読み取らせましょう。

④いちょうもこごえそうになってふるえているのに、葉をふき落としてしまうとどうなってしまうのか、北風の子が心配する気持ちを想像させましょう。

⑤黄色い葉がいきなり頭の上にふってきたら、どんな気持ちになるか、一緒に考えてあげましょう。

## 6 人物の 気もちを 読みとろう② 15〜16ページ

■

①黄色い はっぱの 山（の なか）

②ウ

③れい （ひざまずいて、）こねこを だきあげた。

④れい 黄色の はっぱが こたつの ふとんみたいに あったかい こと。

⑤れい （女の子と おばあさんが こねこを 見つけて） ほっとして いる （気もち）。

クイズ ③

アドバイス

■ ②おばあさんが、何を見ていたのかを読み取らせましょう。

④女の子の会話文に注目して、「ふしぎ」なことの内容を読み取らせましょう。

⑤風の子が心の中で考えていることが、（ ）で表現されていることをおさえて、風の子の気持ちを考えさせましょう。

## 7 あらすじを とらえて 読もう 17〜18ページ

■

①イ

②木の ひしゃく

③れい 何日も 水を のんで いなかったから。

④ウ

⑤(1)れい 木の ひしゃくが、ぎんの ひしゃくに かわった こと。

(2)れい へった （ひしゃくの） 水が また いっぱいに なった こと。

クイズ ①

アドバイス

■ ①「その せいで」が指している内容を、それよりも前の部分から読み取らせましょう。

③女の子が倒れたとき、どのような状況だったのかを読み取らせましょう。

⑤「木の ひしゃく」と「水」という言葉に注目して、起きたことを読み取らせましょう。

## 8 かくにんテスト① 19〜20ページ

■

①れい 大よろこびする
（よろこぶ）

②れい あなぐらに 子だぬきが いるかもしれないから。

③ア

④木の えだ・くくりつけて

⑤雪

⑥れい 子だぬきが、わなに はさまれて けがを して いないか、しんぱいして いる（気もち）。

アドバイス

■ ②おじいさんが子だぬきにたこを持ってきてやったことと、あなぐらにどんな関係があるのかを考えさせましょう。

③楽しみだったことができなかったとき、どんな気持ちになるのかをとらえましょう。

⑥「子だぬきの やつ、……けがでも して いないと いいんだが。」に注目して、気持ちを読み取りましょう。

## 9 じじつを　正しく　読みとろう①　21〜22ページ

■
①春・夏
②**ウ**
③六日（くらい）
④㋐つばさ
　㋑す
　㋒**れい** えさを　とれる
⑤**れい** 大きな　むれを　つくり、南の　国へ　むかって　とんで　いく。

**クイズ** ③

**アドバイス**
■②第二段落で説明されている、かえったばかりのひなの目、羽、口の様子をひとつひとつ正確に読み取らせましょう。
④時間が経つに従って、新しく何ができるようになったかを読み取らせましょう。
⑤最終段落の「夏が　おわり」に注目して、その後のツバメの行動をとらえさせましょう。

## 10 じじつを　正しく　読みとろう②　23〜24ページ

■
①よく　なつき・よく　きく
②**ア**△　**イ**○　**ウ**○　**エ**△
③(1)おとした　もの
(2)エレベーター
(3)あけしめ
④**れい**（ふあんな　気もちを　へらし、）元気と　やる気を　とりもどす　きっかけを　つくる　やくわり。

**クイズ** ③

**アドバイス**
■①「それは……からです。」という文に注目して、理由をとらえさせましょう。
②「もうどう犬」については第三段落、「ちょうどう犬」については第四段落で、説明されていることをおさえさせましょう。
④24ページの二段落目から、「セラピー犬」が、お年寄りや病気の人などに何をするのかを読み取らせましょう。

## 11 じゅんじょに　気を　つけて　読みとろう①　25〜26ページ

■
①八日（ほど）
②**イ**
③**れい** せを　高く
④**れい**（夏の）朝早くに　さいて、その日の　昼に　しぼむ。
⑤（あさがおの）たね
⑥**ア3　イ1　ウ5　エ2　オ4**

**クイズ** ②

**アドバイス**
■③「……なぜでしょうか。」という問いの文に注目して、その答えに当たる内容を読み取らせましょう。
④「さく」と「しぼむ」という言葉に注目してそれぞれの内容を探し、二つの内容を組み合わせて答えを書くようにさせましょう。
⑥**ア**〜**オ**の文が、26ページのどの段落で説明されているのか、順番に整理させましょう。

## 12 じゅんじょに　気を　つけて　読みとろう②　27〜28ページ

■
①牛・牛にゅう
②**ア2　イ1　ウ4　エ5　オ3**
③ほうぼく
④**ア**△　**イ**○　**ウ**△
⑤**れい** 牛たちが　けんこうで、気もちよく　すごす　ことが　たいせつだから。

**クイズ** ③

**アドバイス**
■①酪農家の仕事については、第一段落で説明されていることをおさえさせましょう。
②「まず」、「つぎに」などの言葉に注目して、酪農家の仕事の手順を整理させましょう。
③牛を外に出してのんびりさせることを、「ほうぼく」と言いかえていることをとらえさせましょう。
⑤最後の段落で、えさやりやそうじを一日に何度もすることを説明した後に、「なぜかというと……だからです。」という文で説明していることをおさえさせましょう。

## 13 といと 答えを 読みとろう　29〜30ページ

■
①ネズミ
②㋐れい 外・えさを さがす。
㋑れい (さかさに) ぶら下がって 休む。
③つめ・おしり
④れい おしっこなどが 体や 顔に かかって、よごれて しまうから。
⑤れい (コウモリたちの) うんちが、山のように なって つもって いる。

クイズ ②

アドバイス
■ ①コウモリの姿については、初めに説明されています。
②コウモリの行動については、「夜になると」、「昼間」などの、時間を表す言葉に注目して読み取らせましょう。
④「もし、さかさの まま……おしっこなどを 出して しまったら」に注目して、さかさのままだと、どのような結果になるのかを読み取らせましょう。また、そうならないための方法が、③の解答の行動となります。

## 14 文の 組み立てを とらえよう①　31〜32ページ

■
①ア◎ イ◎ ウ○ エ△
②れい はの 多い 木・すがたを 見えにくく
③れい 木の ねっこから えいようを すって (生きて) いる。
④れい せみは 一週間ほどしか 生きられないから。
⑤きょうそう・めす

クイズ ③

アドバイス
■ ②第三段落の初めの文に着目させましょう。
③「ようちゅうの ときには」という言葉に注目させましょう。
④――線㋐の直前の「ですから」に注目して、理由がこれよりも前の部分に説明されていることをとらえさせましょう。

## 15 文の 組み立てを とらえよう②　33〜34ページ

■
①どうろ・やね
②イ
③れい くるくると 回り
④れい たねが かぎばりで おおわれて いるから。
⑤ウ
⑥れい 鳥の おなかの 中で、みの かわやにくは、とけて しまうから。

クイズ ①

アドバイス
■ ①「このような」が指す内容は、その言葉よりも前に書かれていることが多いです。
③カエデの種には翼がついています。その翼が風を受けるとどうなるかを、第三段落の内容から読み取らせましょう。
④「センダングサの たねは」で始まる文に注目させましょう。
⑥――線㋑の直前の一文から、答えさせましょう。

## 16 かくにんテスト②　35〜36ページ

■
①鳥には、どんな ちえが あるのでしょうか。
②れい けがを した ふり
③ウ
④イ
⑤木のはや 鳥の 羽などの にせの えさ。
⑥れい ダチョウの たまごに 石を たたきつけて わって

アドバイス
■ ②・③チドリの親鳥は、キツネなどの敵がひなに近づくと、敵の前に飛び出して、けがをしたふりをして、敵をひなから離れた方向へと誘い出します。
⑤魚が、何をえさと間違えて近づいてくるのか、前の部分からとらえさせましょう。
⑥「エジプトハゲワシは」で始まる文に注目させましょう。

## 17 会話から 気もちを読みとろう① 37～38ページ

①草の は
②㋐もんしろちょう
㋑池
③イ
④れい はねを ひらいたり とじたり
⑤ウ
⑥れい 花や 風や、いろんな ものを 見つける ため。

クイズ ②

アドバイス

②会話の内容や話し方から、誰の会話文かを考えるようにさせましょう。
④――線㋒よりも前の部分のもんしろちょうの様子に注目させましょう。
⑤――線㋓の後の「とても 気に 入った」という言葉に注目させましょう。
⑥「……に とんで いった」という言葉に注目して、考えさせましょう。また、「何を する ため」と聞かれているので、文末を「～ため。」の形で書くようにさせましょう。

## 18 会話から 気もちを読みとろう② 39～40ページ

①れい あいさつする
②ウ
③れい つよすぎる・しんぱいする
④れい もんしろちょうの はねが ところどころ やぶれて、けばだって いたから。
⑤れい よく 見えなく
⑥イ

クイズ ①

アドバイス

③（ ）内が、池の気持ちを表していることをとらえさせましょう。
④――線㋒の直前に、「もんしろちょうを見て」とあるので、もんしろちょうの姿がどうなっていたのかをとらえさせましょう。
⑥――線㋓の内容がうそであることをおさえて、うそをついた理由を考えさせましょう。

## 19 人物の 気もちの へんかを読みとろう① 41～42ページ

①じさま・うなって いた
②イ
③れい はらが いたかった
④ふもとの 村
⑤まっ白い しも・雪みたい
⑥れい いしゃさまを よんで、大すきな じさまを たすけたかったから。

クイズ ③

アドバイス

①枕元でうなっていたのが、くまではなく、じさまだったことをとらえさせましょう。
③じさまの会話文の内容から、腹が痛くてじさまがうなっていることをとらえさせましょう。
⑥「大すきな じさまの しんじまう ほうが、もっと こわかったから。」と解答している場合は、「じさまが死んでしまうのが怖かったから、どうしようとしたのかな？」と聞いてあげましょう。

## 20 人物の 気もちの へんかを読みとろう② 43～44ページ

①年よりじさま
②イ
③れい しんぱい
④ウ
⑤れい いしゃさまの てつだいを して、（かまどに まきを くべたり、ゆを わかしたり して）いそがしかったから。

クイズ ①

アドバイス

③じさまが死んじまいそうな気がして、豆太がどんな気持ちになっているのかを考えさせましょう。
④「モチモチの 木に、灯が ついて いる」と、豆太が言っていることに注目させましょう。
⑤豆太が、小屋の中で何をしていたのかをとらえさせましょう。

## 21 人物の行動の理由を読みとろう① 45〜46ページ

①ふかい 海の そこ

②あさい ところ

③（大きな）みずだこ・おとなりの おくさんがに

④ア

⑤どろの 中・のんびりして

⑥れい みずだこに 見つからないように引っこす ため。

クイズ ②

アドバイス

■②たらばがにのお母さんの発言に注目させましょう。

③45ページの最後の段落の「二ひきが そんな 話を して いた ときです。」の後の内容に注目させましょう。

⑥おとなりのおくさんがにが、みずだこに襲われたのを見て、お母さんがにが恐ろしくなったことから考えさせましょう。

## 22 人物の行動の理由を読みとろう② 47〜48ページ

①おひょう

②イ

③れい 岩かげ・目を とじた

④れい たまごから かえったから。

⑤ウ

⑥れい 子どもたちが、みんな りっぱに そだって ほしい

クイズ ①

アドバイス

■①②かにの足の下の砂から、おひょうが浮き上がってきたことで、二匹のかにが驚いていることをとらえさせましょう。

③卵が激しく動き出した後の、お母さんがにの行動を読み取らせましょう。

④お母さんがにが、お父さんがにに何を見せたかったのかをとらえさせましょう。

⑥お母さんの、「みんな りっぱに そだって くれれば いいんだけど」という発言に注目させましょう。

## 23 人物のかんけいを読みとろう① 49〜50ページ

①口ぶえの 音

②イ

③れい 大きな つの・ふりたてて いる

④れい （片耳の）大シカ・うれしい

⑤れい 犬が みんな 谷ぞこに なげこまれて、（片耳の）大シカに にげられる（と 思った）から。

クイズ ③

アドバイス

■①おじさんと「ぼく」が走り出す前に起きた出来事を、読み取らせましょう。

②次郎吉さんが向こうの峰を指さし、その先で片耳の大シカと、シカのむれが追いつめられている様子から、考えさせましょう。

④――線㋑の前の発言に注目させましょう。

⑤大シカに、一頭の犬が谷底深くに投げ込まれたのを見て、「ぐずぐずしては おられんぞ」とおじさんが言っていることから考えさせましょう。

## 24 人物のかんけいを読みとろう② 51〜52ページ

①れい シカの むれ・（大きな）つのを ふりたてて

②イ

③れい 片耳の 大シカの 頭の まん中に ねらいを つけて うとうと した。

④ウ

クイズ ①

アドバイス

■①「ぼく」たちが目を覚ました時の状況を、丁寧に読み取らせましょう。

②文章中に書かれていない内容の選択肢は、正しくないと教えてあげましょう。

③「……あの 片耳だ」という会話文より後の内容に注目させましょう。

④おじさんがにっこり微笑《ほほえ》んでうなずいたのは、「ぼく」と同じ考えだからです。

## 25 かくにんテスト③ 53～54ページ

■
①れい 大きな 音と ともに、ものすごい 水けむりが 立った。
②れい ぜんぶ（かんぜんに）
③ウ
④れい しんで しまったに ちがいない・むねの つぶれる 思い
⑤ア
⑥れい（母ぐまが）生きて いると わかって、うれしく なった。

アドバイス

■①「ダダダ、ダダーン！」とは、母熊が滝つぼに飛び込んだ音です。この後の滝つぼの様子を読み取らせましょう。
④高いところから落ちたので、いくら強い熊でも助かりっこないと考えています。
⑥「まだ 生きて いるで ありまする」と、荒木くんがうれしそうに言っている様子をとらえさせましょう。

## 26 じじつと 理由を 正しく 読みとろう① 55～56ページ

■
①三千メートルきゅうの 高い 山。
②高山しょくぶつ
③イ
④ワシ・タカ〈順不同〉
⑤(1)茶色
(2)まっ白
(3)れい 白と 茶色が まざって いる。
⑥れい けしきに とけこんで、てきから 見つかりにくく して、みを まもる ため。

クイズ ①

アドバイス

■③ウの十月は、ひなが親鳥と同じくらいに成長する時期です。
⑤「夏」、「冬」と、「春から 夏に かけてと 夏から 秋に かけて」という言葉に注目させましょう。
⑥最後の段落に注目させましょう。

## 27 じじつと 理由を 正しく 読みとろう② 57～58ページ

■
①（イソギンチャクのような）どうぶつ
②あたたかく・なみの しずかな
③ウ
④れい オニヒトデの とげには どくが あるから。
⑤ア
⑥れい 色が 白く なって しまう。

クイズ ②

アドバイス

■①三行目の「じつは」の後を読み取らせましょう。
②一段落目の後半に、サンゴ虫がいる海についての説明があります。
④「なぜですか」という問いの答えは、「ので」に注目して読み取らせましょう。
⑤オニヒトデは強い歯を持っていませんが、そのかわりに、口から胃を出すのです。

## 28 じじつと 理由を 正しく 読みとろう③ 59～60ページ

■
①サンゴガニが（すんで）
②(1)（こうらの はばが）一～二センチメートル
(2)ひらべったくて、ツルツルして いる。
(3)はさみ
③生きて いる サンゴの えだの あいだ。
④イ
⑤れい オニヒトデに 自分の すみかを うばわれないように する ため。

クイズ ①

アドバイス

■①一段落目の後半で、オニヒトデに食べられてしまうサンゴと、食べられないサンゴの違いが説明されています。
④「さすがの オニヒトデも にげて しまいます」に着目して、この前の部分から逃げた理由を読み取らせましょう。
⑤最後の段落の内容を、丁寧に読み取らせましょう。

## 29 主語を とらえながら 読みとろう 61~62ページ

①(1)秋
(2)田んぼや 池 (など)
②やご
③**イ**
④**ア2 イ5 ウ3 エ4 オ1**
⑤高い 山の 上。
⑥れい めすの 体は だいだい色で、おすの体は まっ赤な 色に なる。

クイズ ③

アドバイス

①季節、場所を表す言葉に注目させましょう。
③「やごは」と主語がかわる箇所に注目させましょう。
④「すると」、「つぎの 日」などに注目して、選択肢の文を整理させましょう。
⑥秋に、アキアカネの体が何色をしているかは、最後の段落に書かれています。おす、めすのそれぞれについて説明させましょう。

## 30 中心と なる ことばを とらえながら 読みとろう 63~64ページ

①小むぎ
②みを 細かく つぶして
③(1)ゆでて 食べる。
(2)むして 食べる。
④こう母・小さな 生きもの
⑤れい 水や さとうと むすびついて、ガスを 出し ふくらむ。
⑥**ウ**

クイズ ①

アドバイス

②二段落目で説明されている、小麦の使い方を理解させましょう。
③——線部の内容について、三~四段落目で「一つは」、「二つめは」と順番に説明されていることをおさえさせましょう。
④・⑤64ページの一段落目の「こう母」についての説明をおさえさせましょう。

## 31 てじゅんを 読みとろう 65~66ページ

①おき上がりこぼし
②空きかんの 内がわの 一かしょ (に つける。)
③1**ウ** 2**ア** 3**イ**
④れい つくえや 台の 上などの たいらな ところ。
⑤**ウ**
⑥れい ころがしても、元に もどる ふしぎな おもちゃ。

クイズ ①

アドバイス

②粘土のつけ方は、〈作り方〉の三段落目に説明されていることをおさえさせましょう。
③手順を説明するときには、「はじめに」「つぎに」「さいごに」などの言葉を使って分かりやすく説明することをおさえさせましょう。
⑥「どんな おもちゃ」と聞かれているので、「~おもちゃ」という文を探させましょう。

## 32 やり方・あそび方を 読みとろう 67~68ページ

①二つの チーム・あい手の 体
②**ア**
③れい ボールを よく 見て、よける。
④れい なげるのが にが手な 人が、ボールを あてる こと(を できるように なる)。
⑤**ウ・エ**

クイズ ③

アドバイス

①・③一段落目で、ドッジボールがどんなゲームかを説明して、二~三段落目で、コートや参加する人について、くわしく説明しています。
④——線部の後にある「そう すると」に注目させて、内容を読み取らせましょう。
⑤68ページの二段落目で、「しま」を作る遊び方、三段落目でボールを二つに増やす遊び方が説明されています。

## 33 かくにんテスト④ 69～70ページ

■
①虫・えいよう分
②ア2　イ4　ウ1　エ5　オ3
③つぼのような
④イ
⑤れい はに　つけた　ふくろに、水中に　いる　とても　小さな　生きものを　とらえる。

アドバイス

■ ①「このような　しょくぶつを『食虫しょくぶつ』と　いいます」とあるので、「このような　しょくぶつ」が指す内容をとらえさせましょう。

②ハエトリソウが虫をとらえる様子が説明されているのは、「ハエトリソウには」で始まる69ページの二～四段落目です。虫が葉の内側の針に二回さわったときに葉を閉じることで、虫が逃げられなくなることを読み取らせましょう。

④虫が足を滑らせてウツボカズラの袋に落ちていることを読み取らせましょう。

⑤タヌキモは、水に浮いた状態で生息している植物であることを理解させましょう。

## 34 まとめテスト① 71～72ページ

■
①春・うめの　木
②れい じいさんの　そばに　いて　いそがしかったから。
③イ・ウ
④ぼうに　点々、みたいな
⑤イ
⑥れい じいさんと　すごした　日々の　ことを　思いうかべて　いる。
（じいさんの　ことを　思い出して　いる。）

アドバイス

■ ①うめの木から花びらが散っている様子から、うめの花が咲いていることを理解させましょう。

②ねこの「いつのまに　さいたの？　気がつかなかった」という発言に対するうめの木の返事を読み取らせましょう。

⑤「来年も……見せたかった」と言っているのは、もう、できないからだということを理解させましょう。

⑥ねこは、魚のにおいのするじいさんのズボンに頭をこすりつけたことを思い浮かべ、うめの木は、腕組みして見上げるじいさんの、まるい眼鏡を思い浮かべています。どちらもじいさんとの思い出であることを理解させましょう。

## 35 まとめテスト② 73～74ページ

■
①こおり
②ペンギン・ひみつ
③ウ
④れい 体おんで　あたたまった　空気が　たまって、外の　（つめたい）　空気は　入れないから。
⑤ア
⑥れい からだの　中の　ねつが　にげること。

アドバイス

■ ①南極大陸についての説明が書かれているのは、最初の段落だけです。

②73ページ二段落目の「どうして　ペンギンは、こんなに　さむい　ところで　生きられるのか」という問いかけの文が、文章の話題を示していることを理解させましょう。

④74ページの五～六行目の「それで　からだは　あたたかいのです」に注目し、「それで」の前に理由が説明されていることをおさえさせましょう。

⑤④と同様に、74ページ三段落目の「それで」に注目させましょう。「それで」の前の内容が、後の内容の理由となっています。

⑥最後の段落の、「しぼうが、……を　ふせぐ」という文に注目させましょう。

## 36 まとめテスト③ 75～76ページ

■
①山を　みずうみ
②ウ
③ア4　イ1　ウ3　エ2
④れい おもしろそうな　気が　して　きたから。
⑤れい 村じゅうの　子どもたちが　一れつになって、ふくろを　かついで　山に　のぼる　ようす。
⑥ア

アドバイス

■①高い山があって、村には日が半日しか当たらないので、どうにかしようとした一平は、山に登って山の土を湖に運び、山を低くしようとしたのです。
②一平の発言に対して、子どもたちが「ばっかじゃなかろか」などと言っていることをおさえさせましょう。
③75ページの後半の二つの段落に注目して、順番を整理させましょう。山に登る↓山のてっぺんにつく↓土を袋に詰める↓山を下りる↓土を湖にすてる、ということをくり返したのです。
⑤「これ」や「それ」などの指示語の指す内容は、多くが指示語よりも前の内容です。何を見て、大人たちが笑っていたのかを読み取らせましょう。
⑥袋なんかでは作業が進まないから、自分の家にあるもっこを使えと言って、道具を貸すことで作業の手助けをしているのです。

## 37 まとめテスト④ 77～78ページ

■
①長さを　はかる
②れい 木の　えだ先に　体を　ピンと　のばして　とまる。
③イ
④㋐コノハムシ
㋑コノハギス〈㋐㋑順不同〉
㋒コノハチョウ
㋓カレハガ〈㋒㋓順不同〉
⑤れい 生きものが　しょくぶつの　いちぶに　にせて、てきの　目を　ごまかす　こと。

アドバイス

■①「尺をとる」とは長さを測るという意味です。「しゃくとり虫」とは、虫の歩き方が、指を広げて長さを測る様子に似ていることから、その名がつけられたという説があります。
②最初の段落の「きけんが　せまると」に着目して、その後のしゃくとり虫の様子を読み取らせましょう。
③「まるで　木の　えだの　いちぶに　なったように」とは、木の枝と見間違えるほど似ているという意味で、木の枝になったわけではないことを理解させましょう。
④78ページの二段落目は「はに　そっくりな　すがた」をした虫の例、三段落目は「かれはに　にせて　いる　生きもの」の例を挙げて、説明しています。
⑤最後の段落の、「……ことを『カムフラージュ（ぎたい）』と　いいます」に着目して、どのようなことをカムフラージュというのかを読み取らせましょう。